Claire Miquel

Anne Goliot-Lété

VOCABULAIRE PROGRESSIF DU FRANÇAIS

avec 250 exercices

Édition : Martine Ollivier – Marie-Christine Couet-Lannes
Illustrations : Marc Fersten
Conception maquette et couverture : Évelyn Audureau

AVANT-PROPOS

Le **Vocabulaire progressif du français** s'adresse à des étudiants adultes et adolescents de niveau **faux débutant** et **intermédiaire**.

Conçu pour être utilisé aussi bien en classe qu'en auto-apprentissage, cet ouvrage offre à l'étudiant les outils nécessaires pour s'exprimer dans un français simple, clair, nuancé et précis. Sans être exhaustif, il va à l'essentiel du vocabulaire concret de la vie quotidienne. L'approche se veut dynamique et met l'accent sur la pratique d'une langue vivante.

Ce manuel est composé de 25 chapitres cernant les principaux thèmes abordés dans les méthodes. Chaque chapitre est constitué de plusieurs séquences assurant un enrichissement progressif. Leur ordre répond simplement à une logique thématique. Jouissant d'une autonomie, les chapitres peuvent en effet être abordés dans un ordre différent de celui proposé.

■ Dans une leçon :

Sur les pages de gauche, des informations et des outils lexicaux, structurés méthodiquement : les mots et expressions sélectionnés sont soit expliqués simplement et clairement, soit mis en contexte dans des phrases, des histoires, des dialogues, soit mis en scène grâce à des illustrations, à des schémas ou bien encore à une présentation particulière faisant apparaître par exemple que *le temps s'améliore* a pour contraire *le temps se dégrade* ou que *se réveiller* a pour symétrique *s'endormir*.

Grâce à ces pages, l'étudiant acquiert un vocabulaire vivant correspondant à la réalité et aux codes culturels des Français. On trouvera donc aussi bien des remarques sur les habitudes culinaires des Français (chapitre 22) que des informations sur le système d'enseignement (chapitre 15).

Sur les pages de droite, des activités pédagogiques, des exercices progressifs d'application des notions en regard et des activités de communication. Ils sont classés par ordre de difficulté croissante à l'intérieur de chaque page, et sur l'ensemble du chapitre. Chaque page de droite suppose acquis le vocabulaire des pages précédentes et permet à l'étudiant de s'approprier et de mettre en pratique les notions acquises.

En fin d'ouvrage, un index permet à l'étudiant de s'orienter à travers les chapitres.

Grâce à sa souplesse d'utilisation et à l'autonomie de ses chapitres, cet ouvrage constitue un utile complément aux méthodes de français langue étrangère.

Les corrigés des exercices se trouvent dans un livret séparé.

L'astérisque qui suit certains mots ou expressions signale leur appartenance au registre familier de la langue.*

SOMMAIRE

PRÉSENTATIONS ET USAGES

SE SALUER

Les gestes

• Pour se saluer, c'est-à-dire pour se dire bonjour ou au revoir, on **se serre la main**, surtout quand on **est présenté à** quelqu'un (quand on **fait sa connaissance**).
C'est approprié dans un contexte professionnel.

• Dans un contexte amical, les hommes se serrent aussi la main, alors que les femmes **s'embrassent** plus facilement (parfois même dans le contexte professionnel).

• À l'intérieur de la famille, on s'embrasse. Dans tous les cas, le nombre de **baisers / bises / bisous** varie d'une région à l'autre, mais on fait deux, trois ou quatre baisers sur la joue.

Remarque : « Embrasser » signifie « faire un baiser » (« **faire la bise** à quelqu'un ») et non pas « prendre dans les bras ».

Le vouvoiement et le tutoiement (dire « tu » ou « vous »)

Le choix est assez délicat. On **se tutoie** à l'intérieur de la famille, mais quand on rencontre quelqu'un pour la première fois, il faut le **vouvoyer** systématiquement. En effet, **tutoyer** directement peut être **impoli**, même insultant dans certains cas. Cependant, les jeunes générations se tutoient facilement. D'autre part, un adulte tutoie un petit enfant qu'il ne connaît pas. Les enfants se tutoient entre eux, et apprennent progressivement à vouvoyer les adultes.

Trois formes sont donc utilisables :
– *Bonjour, madame, vous …* (madame / monsieur + vouvoiement)
– *Bonjour, Françoise, vous …* (prénom + vouvoiement)
– *Bonjour, Françoise, tu …* (prénom + tutoiement)

EXERCICES

1 **Associez un dessin et une phrase, et dites si les personnes vont probablement se vouvoyer ou se tutoyer.**

1.

2.

3.

4.

5.

6

Ils vont se dire...

a. Ils font connaissance. → _______	☐ tu	☐ vous
b. Il dit au revoir à son fils. → _______	☐ tu	☐ vous
c. Elles ne sont pas amies. → _______	☐ tu	☐ vous
d. Ils se disent bonjour ou au revoir. → _______	☐ tu	☐ vous
e. Elles se connaissent bien. → _______	☐ tu	☐ vous
f. Ils sont de la même famille. → _______	☐ tu	☐ vous

2 **Entourez la bonne réponse.**

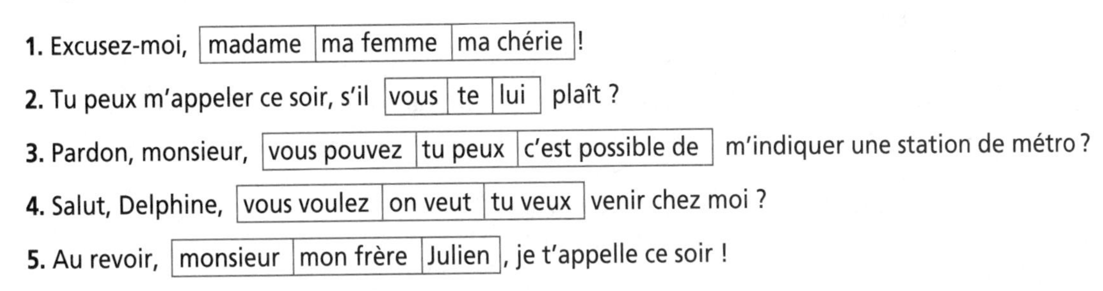

1. Excusez-moi, | madame | ma femme | ma chérie | !

2. Tu peux m'appeler ce soir, s'il | vous | te | lui | plaît ?

3. Pardon, monsieur, | vous pouvez | tu peux | c'est possible de | m'indiquer une station de métro ?

4. Salut, Delphine, | vous voulez | on veut | tu veux | venir chez moi ?

5. Au revoir, | monsieur | mon frère | Julien |, je t'appelle ce soir !

QUELQUES FORMULES UTILES

Je vous en prie / Je t'en prie

Cette formule permet de répondre au **remerciement**, à l'excuse et signifie **« il n'y a pas de quoi »** ou **« de rien »**. Mais on l'utilise aussi pour permettre à quelqu'un de faire quelque chose, ou encore pour **laisser passer** une personne :

• *Je vous (te)* ***remercie***
– *Je vous (t') en prie !*

• *Je peux téléphoner ?*
– *Je vous en prie !*

• *Excusez-moi.*
– *Je vous en prie.*

• ***Asseyez-vous****, je vous en prie !*

• ***Après vous****, je vous en prie.*

L'utilisation du verbe « aller »

C'est le verbe utilisé pour demander des nouvelles (de la santé, de l'humeur, du travail…).

• *Comment allez-vous ?*
– *Je vais bien, merci, et vous ?*
– *Pas mal. Et vos parents, comment vont-ils ?*
– *Ils vont assez bien.*

• *Comment vas-tu ?*
– *Très bien, et toi ?*
– *Bien, merci.*

• *Vous allez mieux ? / Tu vas mieux ? / Ça va mieux* ?* (Si quelqu'un a été malade.)
– *Oui, merci, je vais mieux / ça va mieux*.*
– *Non, pas vraiment, je suis toujours assez fatigué.*

• *Comment ça va ?*
– *Ça va bien, merci, et toi ?*
– *Ça va.*

• *Ça va* ?* (Peut aussi signifier : « Tout va bien ? » « Vous avez compris ? » « Tu es d'accord ? »)
– *Ça va*.* (Peut signifier : « Tout va bien. » « J'ai compris. » « Je suis d'accord. ».)

Remarque : Ne confondez pas ces deux structures :

• Comment est-il ?
– Il est grand et mince.

• Comment va-t-il ?
– Il va bien.

Complétez les bulles suivantes.

2 **Complétez la carte postale écrite par Sophie à son cher professeur de piano.**

Chère ____________

Comment ____________-vous ?
Moi, je____________ bien. Je passe de très bonnes vacances avec ma grand-mère.
Je vous ____________ de votre patience, cette année.
J'espère vous revoir l'année prochaine. ____________-moi, je ne sais pas bien écrire des lettres ! Je ____________ souhaite de bonnes vacances.
Je vous embrasse.

Sophie

- Madame ■ Monsieur
- êtes ■ allez
- vais ■ suis
- merci ■ remercie
- Excusez ■ Pardon
- vous ■ te

3 **Reliez chaque situation à une question.**

1. Deux copains se voient dans la rue. Ils se disent :
2. La vieille dame a été fatiguée. Sa voisine demande :
3. La voisine demande des nouvelles des enfants :
4. On demande des nouvelles du bébé :
5. Ariane a été malade. Son frère lui demande :

a. Tu vas mieux ?
b. Ils vont bien ?
c. Vous allez mieux ?
d. Ça va ?
e. Il va bien ?

JE VOUS SOUHAITE... JE TE SOUHAITE...

• à Noël et pour les fêtes de fin d'année
Joyeux Noël ! Joyeuses fêtes ! Bonnes fêtes de fin d'année !

• le premier de l'An
Bonne année ! Tous mes vœux ! Tous mes vœux pour la nouvelle année !

• à un anniversaire
Joyeux anniversaire, Simon ! Bon anniversaire, Claudine !

• le jour de la fête (le jour de la Saint-Marc, de la Sainte-Anne)
Bonne fête, mon cher Marc ! Bonne fête, Anne !

• à l'occasion d'un mariage
Tous mes vœux de bonheur ! Toutes mes félicitations !

• lors d'un deuil : quand quelqu'un est mort, on « **présente ses condoléances** ». Les mots sont délicats, car ils dépendent des relations personnelles. On peut dire :
J'ai appris la nouvelle / le décès de...
Je suis de tout cœur avec vous / toi.

• avant un examen
Bonne chance ! (pour ton / votre examen)

• pour une réussite à un examen, une promotion
Félicitations pour votre / ton succès ! Toutes mes félicitations ! Bravo !

• quand quelqu'un éternue
À vos souhaits ! À tes souhaits !

• quand on trinque
À la vôtre ! À la tienne ! À votre succès ! À ton nouveau travail ! Tchin-tchin !*

• pour encourager quelqu'un
Bon courage !

• pour exprimer l'admiration
Chapeau !*

1 Vrai ou faux ?

			VRAI	FAUX
1. Il va se marier.	*Je dis...*	Toutes mes félicitations !	☐	☐
2. Elle va travailler tout le week-end.		Bon courage !	☐	☐
3. C'est son anniversaire.		Bonne année !	☐	☐
4. Il a éternué.		À la vôtre !	☐	☐
5. Ils vont passer un examen.		Bonne chance !	☐	☐
6. C'est le premier de l'An.		Tous mes vœux !	☐	☐
7. C'est leur fête.		Bon anniversaire !	☐	☐
8. Elle a eu une promotion.		Tous mes vœux de bonheur !	☐	☐

2 Les mots ou expressions en italique ont été intervertis d'une ligne à l'autre. Remettez-les en ordre.

1. Je vous présente *bonne chance*. ____________________

2. *Joyeux* de vous connaître. ____________________

3. S'il te *remercie*. ____________________

4. *Souhaits* pour votre promotion. ____________________

5. Elle lui souhaite *un ami*. ____________________

6. Je vous *plaît*. ____________________

7. *Enchanté* anniversaire. ____________________

8. À tes *félicitations*. ____________________

À vous !

- Dans votre pays, est-ce qu'on se serre la main ? Si oui, dans quelles circonstances ?

____

- Dans votre langue, est-ce qu'on utilise le tutoiement et le vouvoiement ?

____

- Est-ce que vous utilisez d'autres gestes que serrer la main et embrasser ? Lesquels ?

____

- Dans votre pays, est-ce qu'on utilise de nombreuses formules de politesse ou au contraire sont-elles rares ?

____

- Dans votre pays, comment est-ce qu'on distingue les niveaux de relation (collègues, amis, famille, étrangers dans la rue, voisins...) ? Par des gestes ? Des formules de politesse ? Autres ?

____

2 LES NATIONALITÉS – LES LANGUES

LES NOMS DE PAYS

Les noms de pays sont généralement précédés de l'article défini (sauf Israël, Andorre, Barhein, Cuba, Djibouti, Hong-Kong, Singapour, Monaco, Oman, Haïti, Madagascar...)
la *France,* ***les*** *Pays-Bas,* ***le*** *Viêtnam,* ***le*** *Venezuela,* ***l'****Uruguay,* ***l'****Argentine...*

Les noms de pays féminins

• ceux qui se terminent par un -e (sauf le Mexique, le Cambodge, le Zaïre, le Zimbabwe)
la *Finland**e**,* ***la*** *Grèc**e**,* ***la*** *Colombi**e**,* ***la*** *Turqui**e**,* ***l'****Allemagn**e**...*
→ *je vais / j'habite / je travaille* ***en*** *Finlande,* ***en*** *Grèce,* ***en*** *Colombie,* ***en*** *Turquie...*

Les noms de pays masculins

• ceux qui se terminent par une consonne
le *Maro**c**,* ***le*** *Sénéga**l**,* ***le*** *Pakista**n**,* ***le*** *Japo**n**...*
• ceux qui se terminent par -a / -o / -i
le *Canad**a**,* ***le*** *Keny**a**,* ***le*** *Burund**i**,* ***le*** *Tog**o**...*

→ *je vais / j'habite / je travaille* ***au*** *Maroc,* ***au*** *Japon,* ***au*** *Canada...*

• ceux qui sont composés et pluriels
les *Pays-Bas,* ***les*** *États-Unis*
→ *je vais / j'habite / je travaille* ***aux*** *Pays-Bas,* ***aux*** *États-Unis...*

Remarque : Quand le nom de pays est masculin mais commence par une voyelle, on utilise la préposition « en » pour une raison d'euphonie : il vit **en** Iran, **en** Ouganda (et non ~~au~~ Ouganda).

LES NATIONALITÉS ET LE NOM DES HABITANTS

Un adjectif est créé à partir du nom de pays. Il n'existe pas de règle pour la formation de cet adjectif. Certes, on retrouve souvent certains suffixes, tels que **-ien / -ienne** et **-ais / -aise**.
Il est tunisien, elle est brésilienne, il est polonais, elle est islandaise.

Cependant, il existe d'autres terminaisons :
Il est turc, grec, suisse, allemand, chinois, américain, espagnol, britannique...

Pour désigner les habitants d'un pays, on utilise en général l'adjectif nominalisé, précédé d'un article et muni d'une majuscule.
les Français – les Portugais – un(e) Brésilien(ne) – un(e) Russe...

1 **Complétez les mots croisés suivants.**

Horizontalement

1. Il est russe. Il habite en...
2. Elle est canadienne. Elle habite au...
3. Ils sont indiens. Ils habitent en...
4. Elle est marocaine. Elle vit au...
5. Il est suisse. Il vit en...

Verticalement

a. Il est finlandais. Il habite en...
b. Ils sont japonais. Ils habitent au...
c. Elle est autrichienne. Elle habite en...

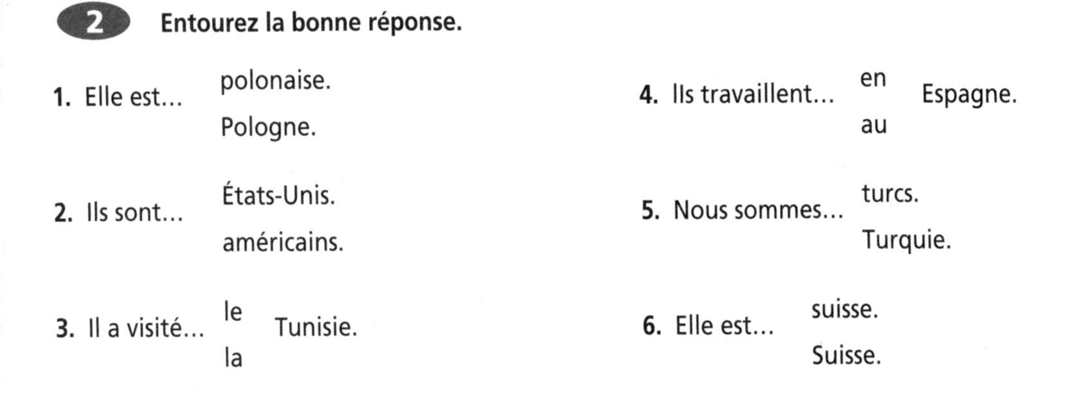

2 **Entourez la bonne réponse.**

1. Elle est... polonaise. / Pologne.

2. Ils sont... États-Unis. / américains.

3. Il a visité... le / la Tunisie.

4. Ils travaillent... en / au Espagne.

5. Nous sommes... turcs. / Turquie.

6. Elle est... suisse. / Suisse.

3 **Devinez dans quel pays ces personnes passent leurs vacances.**

Pérou – Irlande – France – Grèce – Thaïlande – États-Unis – Norvège – Égypte – Italie

1. Ils aiment l'art, le bon vin, les fromages, ils sont en ______________________.
2. Elle aime visiter des vieilles villes, des musées, manger des pâtes, elle est en ______________________.
3. Ils s'intéressent aux villes modernes, aux espaces immenses, au jazz, ils sont aux ______________________.
4. Elle est passionnée d'archéologie, de pyramides et de temples, elle est en ______________________.
5. Il parle bien espagnol, il aime les hautes montagnes et la civilisation inca, il est au ______________________.
6. Il adore la mer, l'archéologie, les climats méditerranéens, il est en ______________________.
7. Ils aiment la forêt, les lacs et la vie naturelle, ils sont en ______________________.
8. Ils aiment les paysages exotiques, les temples bouddhistes, ils sont en ______________________.
9. Il aime la musique, la bonne bière et la nature sauvage. Il passe ses vacances en ______________________.

LE NOM DES LANGUES

Soit la langue correspond exactement à la nationalité :
*Il est allemand, il parle **allemand**. Sa **langue maternelle** est l'allemand.*
*Elle est moitié italienne, moitié anglaise, elle est **bilingue italien-anglais**.*

Soit la langue recouvre une autre entité que la nation :
*Les Marocains parlent **arabe**, les Pakistanais parlent **urdu**.*

LES VILLES, LES DÉPARTEMENTS, LES RÉGIONS

Le nom des villes

Pour les villes étrangères, on utilise soit le nom dans la langue d'origine (par exemple Rio de Janeiro, Manchester), soit le nom francisé (Londres, Barcelone, Munich, Moscou...).
*Je vais, j'habite, je vis, je travaille **à** Lyon, **à** Hambourg, **à** Syracuse.*

Si le nom de la ville commence par un article, on le conserve.
Le Mans, Le Havre → *Elle habite **au** Mans, **au** Havre.* (rappel : au = ~~à le~~)
La Paz → *Il va **à** La Paz.*

Les régions et les départements français

Comme pour les pays, ils sont précédés de l'article défini.
*Je connais bien **la** Provence, **le** Languedoc, **les** Pays de la Loire...*

En ce qui concerne les prépositions de lieu, il est impossible d'énoncer une règle d'utilisation. Disons seulement qu'on n'emploie pas la préposition **à**, mais plutôt **en** ou **dans**.

- nom de région masculin ou pluriel :

*Il va / vit / travaille **dans le** Béarn, **dans le** Périgord, **dans les** Pyrénées.*

- nom de région féminin :

*Je vais / j'habite / je travaille **en** Bourgogne, **en** Bretagne...*

- en ce qui concerne les départements, la situation est plus compliquée :

Je vais / j'habite ***dans le** Gard, **dans le** Var.*
***dans la** Creuse, **en** Dordogne.*

EXERCICES

1 **Quelle est la langue officielle des pays suivants (certains pays en ont plusieurs) ? Associez les deux colonnes.**

1. Le Brésil
2. Le Honduras
3. L'Égypte
4. Le Sénégal
5. La Finlande
6. L'Iran
7. Israël
8. La Suisse
9. L'Inde
10. L'Ukraine

a. l'hindi et l'anglais
b. le français, l'allemand et l'italien
c. le russe
d. l'espagnol
e. le portugais
f. le français
g. le suédois et le finnois
h. le persan
i. l'hébreu
j. l'arabe

2 **Identifiez 12 autres noms de langues (horizontalement et verticalement).**

U R P D A A F X A Y I
P H I N D I I U G L P
S E S P A G N O L O V
B B C I Z A N D H O T
A R A B E U O A K C R
N E N B C H I N O I S
T U G R E C S O L I U
O M L J A S T I E N N
U M A L A I S S U Z B
W A I I T A L I E N S
T U S C O R E E N E A

Connaissez-vous un peu la géographie de la France ? Complétez les phrases à l'aide des noms suivants :

Corse – Champagne – Bretagne – Marseille – Bourgogne – Lille – Loire – Strasbourg

1. Il est breton, il habite en ____________________, à Rennes.
2. Ils sont du Nord, ils habitent à ____________________.
3. Elle habite en Alsace, à ____________________.
4. Il y a beaucoup de beaux châteaux dans les Pays de la ____________________.
5. Il habite à Ajaccio, en ____________________.
6. Elle habite dans un grand port de la Méditerranée, à ____________________.
7. Dijon est la capitale de la ____________________.
8. Reims est la ville principale de la ____________________.

L'ORIGINE GÉOGRAPHIQUE

Les questions à propos de l'origine géographique

Quelle est votre nationalité ?
Vous êtes ***de*** *quelle nationalité ?*
Vous êtes ***d'où*** *?*
Vous êtes ***originaire d'où*** *? /* ***de*** *quel pays ?*
Vous êtes ***de quelle*** *région ? /* ***de*** *quel pays ?*
Quelle est votre région ? / Quel est votre pays ***d'origine*** *?*

Les réponses

• **être / être d'origine** + adjectif
Je suis français / Elle est moitié argentine, moitié portugaise.
Il est brésilien, d'origine allemande.

• **avoir la nationalité** + adjectif
Il a la nationalité australienne. Elle a la double nationalité irlandaise et espagnole.

• **être originaire de / être de** + nom de pays ou de région
Il est originaire du Guatemala. Elle est du Nord (de la France).

À propos de l'origine géographique

• On peut aussi donner une origine moins précise :
Il est ***étranger****. – Il est européen, africain, américain, sud-américain, australien, asiatique.*

Remarques :
« Américain » signifie « citoyen des États-Unis ».
Il est du Proche-Orient (du Moyen-Orient, de l'Extrême-Orient), il est proche-oriental.
Elle est scandinave, ils sont anglo-saxons, il est eurasien.
Il est maghrébin (originaire du Maghreb, c'est-à-dire d'Afrique du Nord).
Il est beur* (né en France de parents maghrébins).
Il est métis (il a, par exemple, un père noir et une mère blanche).
Elle est provinciale (d'une quelconque province française, ce qui s'oppose à « parisien » !).

• On peut mentionner le statut administratif :
Il est ***naturalisé*** *français /* ***réfugié*** */* ***réfugié politique*** */* ***exilé*** */* ***immigré****.*
Il a demandé ***l'asile politique****.*

EXERCICES

1 **Associez de manière à constituer une phrase complète.**

1. Elle est moitié allemande, moitié italienne,
2. Il n'est pas parisien,
3. Je suis péruvien, mais
4. Il n'est pas français,
5. Elle est d'origine

a. proche-orientale.
b. ma famille est originaire d'Espagne.
c. elle a la double nationalité.
d. il est provincial.
e. il est étranger.

2 **Entourez le mot juste.**

1. Il vit en France depuis longtemps. Il est d'origine roumaine, mais maintenant il a la nationalité française, il est [nationalisé / né / naturalisé] français.
2. Il a quitté son pays pour toujours et vit maintenant à l'étranger. Il est [naturalisé / exilé / immigré].
3. Elle a fui son pays en guerre. Elle est [étrangère / réfugiée / exilée] avec des centaines d'autres.
4. Il a fui son pays, car il n'avait pas les mêmes opinions politiques que son gouvernement. Il est [immigré / réfugié / réfugié politique].
5. Ils sont originaires d'Afrique du Nord. Ils sont [exilés / beurs / maghrébins].
6. Ils sont originaires des États-Unis, du Canada, de Grande-Bretagne, ils sont [américains / anglais / anglo-saxons].

3 **À vous !**

- Quelle est votre nationalité ?

___

- Où est-ce que vous êtes né(e) ?

___

- Quelle est votre langue maternelle ?

___

- Est-ce que vous parlez des langues étrangères ?

___

- Est-ce que vous avez visité d'autres pays ?

___

- Est-ce que vous avez des amis étrangers ? Si oui, de quelle nationalité sont-ils ?

___

3 LA FAMILLE – LES ÂGES DE LA VIE

LES LIENS FAMILIAUX

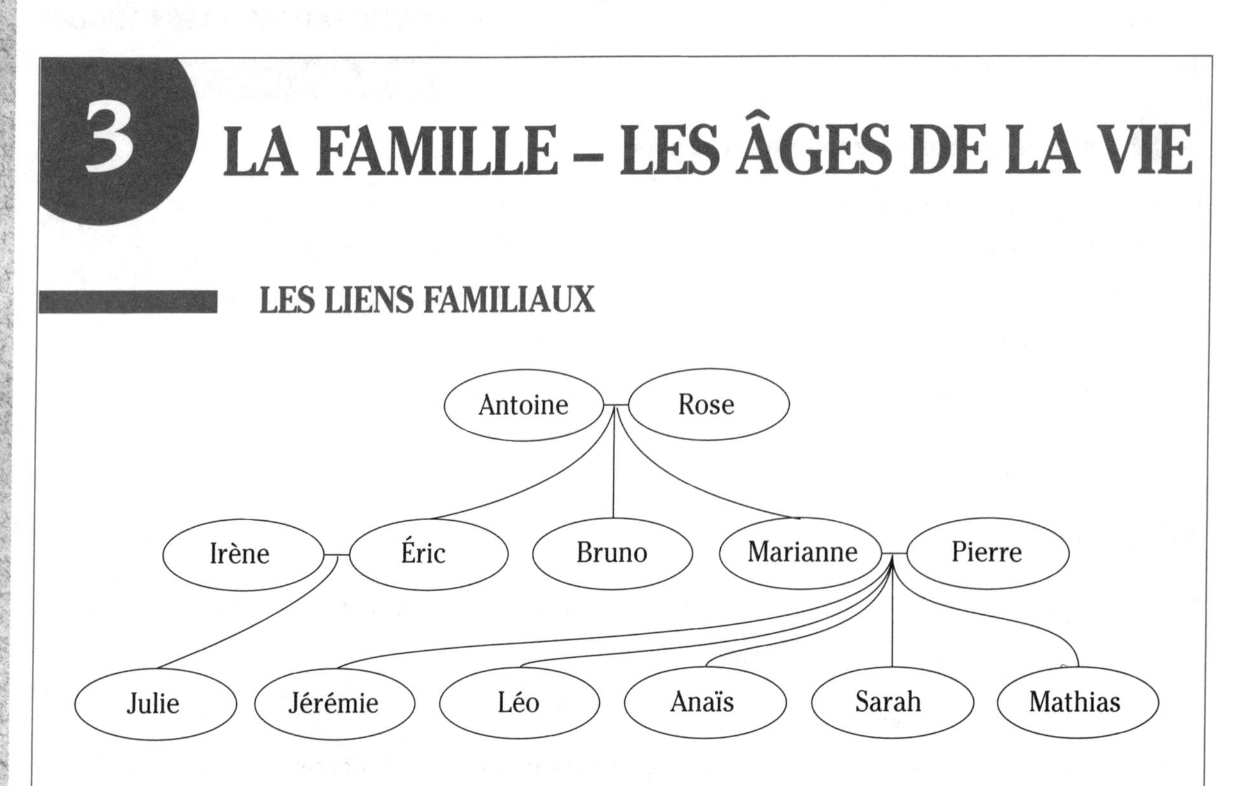

- Antoine et Rose sont les **parents** d'Éric, Bruno et Marianne. Antoine est leur **père**, Rose est leur **mère**.
Rose et Antoine sont mariés : Antoine est **le mari** de Rose, Rose est **la femme** d'Antoine.

- Éric, Bruno et Marianne sont les **enfants** de Rose et Antoine.
Éric et Bruno sont leurs deux **fils**, Marianne est leur **fille**.
Éric et Bruno sont les deux **frères** de Marianne, Marianne est **la sœur** d'Éric et Bruno.

- Julie et Mathias sont deux **petits-enfants** d'Antoine et Rose.
Julie est une de leurs **petites-filles**, Mathias est un de leurs **petits-fils**.
Antoine et Rose sont les **grands-parents** de Julie et Mathias.
Rose est leur **grand-mère**, Antoine est leur **grand-père**.

- Irène est **la tante** de Mathias, Éric est **l'oncle** de Mathias.
Sarah est **la nièce** d'Éric, Mathias est **le neveu** d'Éric.
Mathias est **le cousin** de Julie, Julie est **la cousine** de Sarah.

- Éric est **le beau-frère** de Pierre (= le frère de sa femme).
Pierre est aussi **le beau-frère** d'Éric (= le mari de sa sœur).
Marianne est **la belle-sœur** d'Irène (= la sœur de son mari).
Irène est aussi **la belle-sœur** de Marianne (= la femme de son frère).

- Antoine et Rose sont les **beaux-parents** d'Irène (= les parents de son mari).
Antoine est **son beau-père**, Rose est **sa belle-mère**.
Pierre est **le gendre** d'Antoine (= le mari de sa fille). Irène est **la belle-fille** d'Antoine (= la femme de son fils).

1 **Vrai ou faux ? Cochez la bonne case.**
(Pour vous aider reportez-vous à l'arbre généalogique de la page de gauche.)

	VRAI	FAUX
1. Anaïs est la cousine de Bruno.	☐	☐
2. Jérémie et Léo sont deux enfants de Marianne et Pierre.	☐	☐
3. Bruno est l'oncle de Julie.	☐	☐
4. Sarah a deux oncles.	☐	☐
5. Julie est la tante de Bruno.	☐	☐
6. Bruno est le frère de Pierre.	☐	☐
7. Bruno est le beau-frère de Pierre.	☐	☐
8. Antoine est le beau-père de Pierre.	☐	☐
9. Anaïs et Sarah sont les sœurs de Mathias.	☐	☐

2 **Complétez en respectant les données de la page de gauche.**

1. Jérémie, Léo, Anaïs, Sarah, Mathias et Julie sont les *neveux et nièces* de Bruno.
2. Anaïs et Sarah sont les ______________ de Marianne et Pierre.
3. Marianne et Pierre sont les ______________ de Mathias.
4. Léo est le ______________ de Jérémie.
5. Anaïs est la ______________ d'Antoine et Rose.
6. Anaïs est la ______________ de Julie.
7. Pierre est le ______________ de Bruno.
8. Antoine et Rose sont les ______________ de Pierre.
9. Marianne est la ______________ de Julie.
10. Irène est la ______________ de Bruno.

Complétez l'arbre en respectant les informations suivantes :

Juliette a trois enfants.
Ariane a un frère et une sœur.
Élodie est la fille de Sébastien.
Ariane est la petite-fille de Nicole.
Gérard est le grand-père de Marie.
Laure est la belle-fille de Nicole.
Frédéric est l'oncle de Damien.
Sébastien est le beau-frère de Frédéric.
Élodie et Ariane sont sœurs.
Damien est le cousin de Marie.
Laure et Frédéric ont une seule fille.
Nicole est la belle-mère de Sébastien.

• Anaïs et Sarah sont nées le même jour : ce sont des **sœurs jumelles**, des **jumelles**.
Léo et Jérémie aussi sont des **frères jumeaux**, des **jumeaux**.

• Irène et Éric ne pouvaient pas avoir d'enfants.
Ils **ont adopté** Julie. Julie est **la fille adoptive** d'Irène et Éric.
Irène et Éric sont les **parents adoptifs** de Julie.
Irène et Éric n'ont qu'une fille. Julie est **fille unique**.

• Mathias est né en 1990, Sarah et Anaïs sont nées en 1992, Léo et Jérémie sont nés en1994.
Sarah et Anaïs ont un frère **aîné** : Mathias, et deux frères **cadets** : Jérémie et Léo.

• Marianne et Pierre ont 5 enfants. En France, c'est beaucoup : c'est **une famille nombreuse**.

Remarques :
Les parents signifie « le père et la mère ». **Un parent proche** peut être un oncle, **un parent éloigné**, la cousine d'un beau-frère.
Famille signifie « le père, la mère et les enfants », mais peut aussi signifier « l'ensemble des parents, proches ou éloignés ».

LES ÂGES DE LA VIE

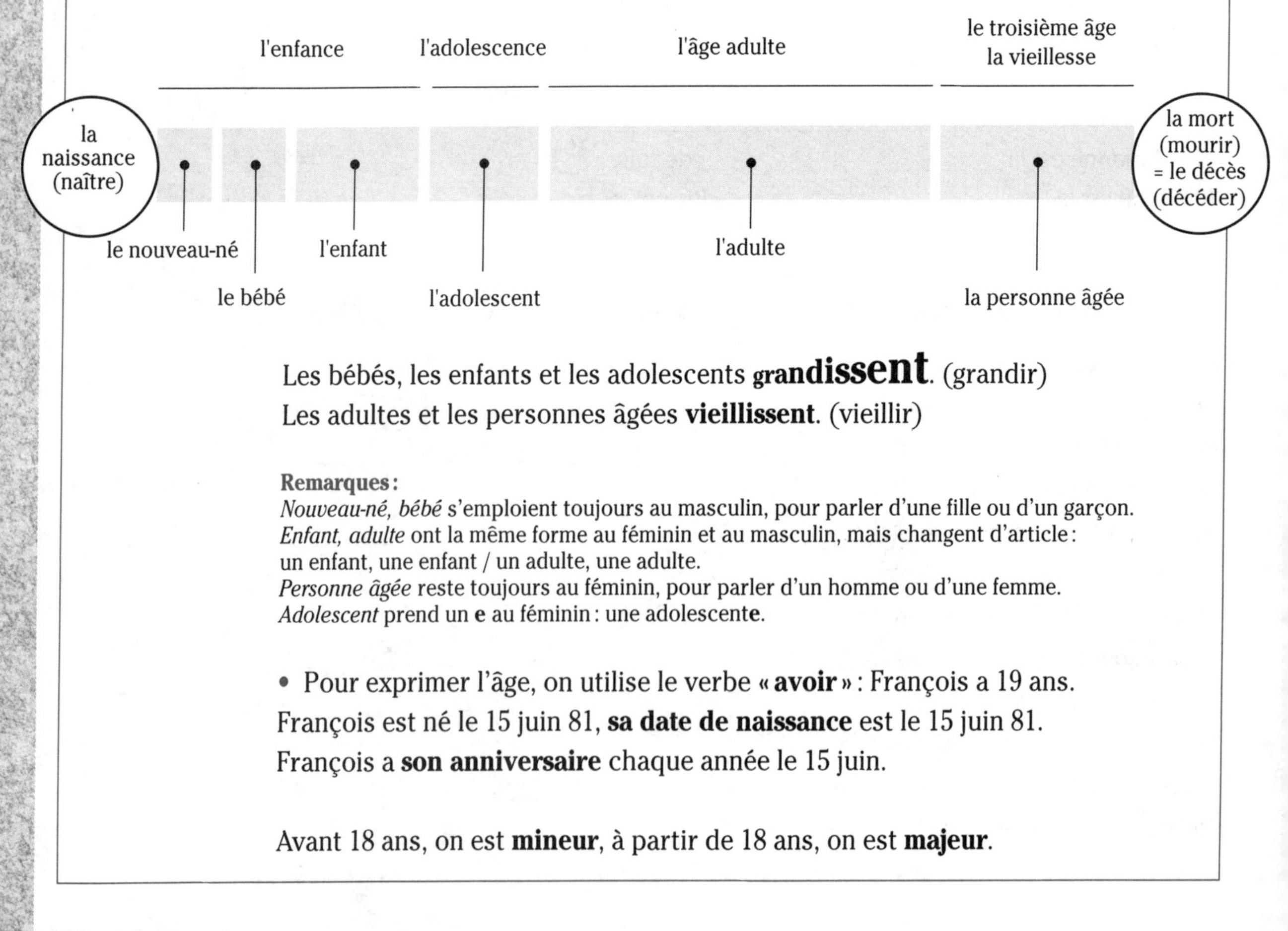

Les bébés, les enfants et les adolescents **grandissent**. (grandir)
Les adultes et les personnes âgées **vieillissent**. (vieillir)

Remarques :
Nouveau-né, bébé s'emploient toujours au masculin, pour parler d'une fille ou d'un garçon.
Enfant, adulte ont la même forme au féminin et au masculin, mais changent d'article :
un enfant, une enfant / un adulte, une adulte.
Personne âgée reste toujours au féminin, pour parler d'un homme ou d'une femme.
Adolescent prend un **e** au féminin : une adolescent**e**.

• Pour exprimer l'âge, on utilise le verbe **« avoir »** : François a 19 ans.
François est né le 15 juin 81, **sa date de naissance** est le 15 juin 81.
François a **son anniversaire** chaque année le 15 juin.

Avant 18 ans, on est **mineur**, à partir de 18 ans, on est **majeur**.

EXERCICES

1 Associez et trouvez le bon article.

1. Il a trois enfants qui ont 4, 5 et 8 ans.
2. Elle ne marche pas encore.
3. Il a deux enfants de 55 et 58 ans.
4. Elle commence à s'intéresser aux garçons.
5. Elle sait lire depuis un an.

C'est →

_____ bébé.
_____ enfant.
un adulte.
_____ personne âgée.
_____ adolescente.

2 Nous sommes en 1997. Pour chaque personne, donnez trois indications selon le modèle suivant :

Exemple : Paul 17 / 04 / 80 → *– Paul est né le 17 avril 1980. Il a 22 ans en 2002.*
– Paul a son anniversaire en avril.

1. Martin 01 / 01 / 58 → ______________________
____

2. Françoise 04 / 08 /40 → ______________________
____

3. Frank 25 / 12 / 75 → ______________________
____

4. Michèle 03 / 06 / 37 → ______________________
____

3 Entourez la bonne réponse.

1. Romain est le cousin du père de la belle-sœur de Lucie. C'est un [parent proche | parent adoptif | grand-parent | parent éloigné] de Lucie.
2. Laure a une sœur plus âgée qu'elle, qui s'appelle Lisa. Lisa est sa [sœur aînée | sœur cadette | sœur jumelle | belle-sœur].
3. Victor sera bientôt [un adolescent | mineur | majeur | un enfant]. Il a dix-sept ans et demi.
4. Entre treize et dix-sept ans, les adolescents [vieillissent | naissent | vont | grandissent] très vite.
5. Sophie et son mari aiment les familles nombreuses. Ils espèrent avoir beaucoup [de parents proches | d'adolescents | de parents éloignés | d'enfants].
6. Olivier a 15 ans et a des problèmes avec ses parents. Ça arrive souvent pendant [le troisième âge | l'enfance | l'adolescence | la naissance].
7. Dimanche prochain, Marie-Christine a 20 ans. C'est [sa naissance | son anniversaire | son âge | sa date de naissance].

4 LES RELATIONS – LES SENTIMENTS

L'AMOUR

• Pierre **rencontre** Marianne. Pierre et Marianne **se rencontrent**. Ils **font connaissance**.

• Pierre **tombe amoureux de** Marianne. Marianne tombe amoureuse de Pierre. Ils **tombent amoureux l'un de l'autre**. Mais Pierre n'est pas **dragueur***. C'est Marianne qui le **drague***. C'est **le coup de foudre**. C'est **la passion**.

• Pierre **embrasse** Marianne. Pierre et Marianne **s'embrassent**. Ils **échangent un baiser**. Pierre dit à Marianne : « **Je t'aime** ». Pierre et Marianne **s'aiment**. Ils deviennent **amants**.

• Pierre **vit seul**, Marianne habite chez ses parents. Ils **se voient** chez Pierre. Puis Marianne va **vivre avec** Pierre. Marianne et Pierre **vivent ensemble**. Ils vivent **en concubinage (= en union libre)**.

• Pierre **demande** Marianne **en mariage**. Mais Marianne ne veut pas **se marier**. Elle préfère rester **célibataire**.

• Un an après, Marianne accepte d'**épouser** Pierre. Mais elle ne veut pas **se marier à l'église** = elle ne veut pas d'**un mariage religieux**. Elle préfère **se marier à la mairie** = elle préfère **un mariage civil**.

• Pierre et Marianne envoient leur **faire-part de mariage**. Ils demandent à leurs deux meilleurs amis d'être leurs **témoins**. Ils invitent toute la famille et tous leurs amis. Ils font **une** grande **fête**.

• Puis ils partent en **voyage de noces**. Ils passent leur **lune de miel** à Rome. Ils **sont** très **amoureux**. Ils **s'entendent bien**, ils sont heureux.

Pour désigner l'autre, dans une relation amoureuse, on peut dire :

• Quand on n'est pas marié :
  - mon ami, mon amie
  - mon petit ami, ma petite amie
  - mon (petit) copain, ma (petite) copine
  - mon compagnon, ma compagne

• Quand on est marié :
  - mon mari, ma femme
  - mon époux, mon épouse
  - mon conjoint, ma conjointe

Quand on s'adresse à la personne qu'on aime, on l'appelle mon (ma) chéri(e), mon amour, mon cœur, mon trésor...

Remarque : Ami(e) et **copain / copine** s'emploient aussi pour parler d'une relation d'**amitié** : un dîner, une soirée entre amis, entre copains.

Mon ami(e) m'a téléphoné → relation amoureuse
Un(e) ami(e) m'a téléphoné → relation d'amitié

1 Vrai ou faux ?

	VRAI	FAUX
1. Il est d'accord pour se marier avec elle. = Il veut bien l'épouser.	☐	☐
2. Ils vont se marier à l'église. = Ils auront un mariage civil.	☐	☐
3. Ils vivent une grande passion. = Ils sont vraiment très amoureux.	☐	☐
4. Ils sont en voyage de noces à New York. = Ils se sont mariés à New York.	☐	☐
5. Ils s'entendent bien. = Ils vivent ensemble.	☐	☐
6. Ils passent leur lune de miel à Prague. = Ils se sont rencontrés à Prague.	☐	☐

2 Dans les phrases suivantes, indiquez s'il s'agit d'amour ou d'amitié.

	Amitié	Amour
– Allô, Juliette, est-ce que tu es libre samedi ? On invite quelques *amis* à dîner.	☐	☐
– Qui est-ce que vous invitez ?		
– Il y aura Jean-Jacques et sa *compagne*.	☐	☐
– Jean-Jacques a une *petite amie* maintenant ?	☐	☐
– Oui, tu ne savais pas ?		
– Et moi, est-ce que je peux venir avec mon nouvel *ami* ?	☐	☐
– Ah ! Tu as un nouveau *petit copain* ? Je voulais	☐	☐
justement te présenter un *ami* de François !	☐	☐
– Alors, dans ces conditions, je viens seule.		
– Et puis il y aura aussi des *copains* de la fac.	☐	☐
– Vous avez beaucoup d'*amis* !	☐	☐

3 Remettez les mots en gras à leur place.

Ma chère Léna,

Tu avais raison, c'était une bonne idée de partir en voyage organisé. Je t'annonce une grande nouvelle : j'ai ~~**tombée**~~ *un homme. Dès le troisième jour, nous sommes* **rencontré** *amoureux l'un de l'autre. Ça a été le coup de* **passion**. *Depuis, c'est la* **foudre**, *on* **vivre** *très bien. Il m'a déjà demandé si je voulais* **se marier** *avec lui. Je préfère attendre un peu. Tu sais, il est un peu fou, il pense même au* **noces**. *Alors là, j'ai dit non. Ce voyage ressemble à un voyage de* **mariage**, *à une* **amoureuse** *de miel. Alors, pourquoi* **s'entend** *? Je suis très* **lune** *et très heureuse.*
Je t'embrasse affectueusement. Je t'appelle en rentrant.

Lise

rencontré ____________
____
______ ______ ______
____
____
______ ______
______ ______

DE L'AMOUR AUX CONFLITS

la rencontre	≠	la rupture, la séparation
rencontrer quelqu'un	≠	quitter quelqu'un
se rencontrer	≠	se quitter, se séparer
l'amour	≠	la haine
aimer	≠	ne pas aimer
adorer, être fou (folle) de quelqu'un	≠	détester, haïr
demander quelqu'un en mariage	≠	demander le divorce
se marier (avec quelqu'un), épouser quelqu'un	≠	divorcer (de quelqu'un)
son mari, sa femme	≠	son ex-mari, son ex-femme
bien s'entendre	≠	ne pas s'entendre, se disputer, traverser une crise
l'entente	≠	la mésentente, le conflit, la dispute, la scène de ménage

• Après le divorce, on peut **se remarier** : Loïc et Lise ont divorcé quand leur fille Léa avait cinq ans, puis se sont tous les deux remariés. La nouvelle femme de Loïc est **la belle-mère** de Léa, le nouveau mari de Lise, Benjamin, est **son beau-père**. Justine, la fille de Lise et Benjamin, est **la demi-sœur** de Léa (Léa n'a pas encore de **demi-frère**).

Remarque : *Belle-mère* et *beau-père* ont deux sens différents. (Voir chapitre 3.)

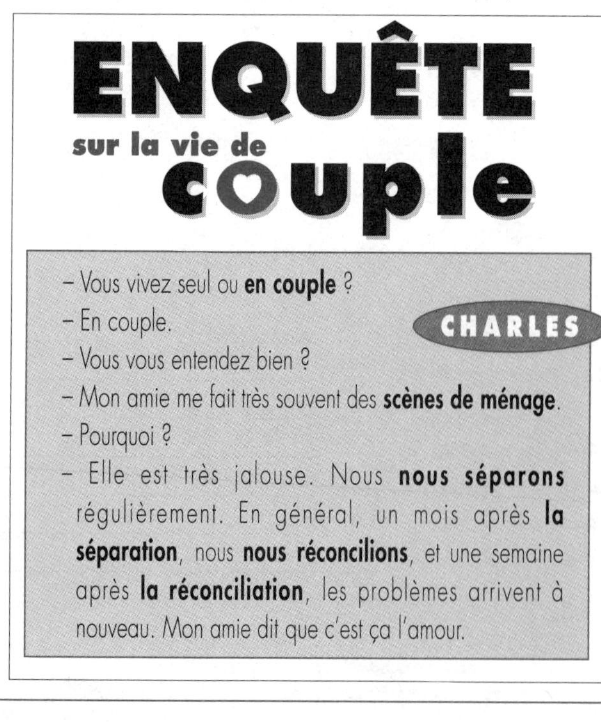

Sandrine

– Êtes-vous mariée ou célibataire ?
– Je suis **divorcée**.
– Qui **a demandé le divorce** : vous ou votre conjoint ?
– C'est moi.
– Pourquoi avez-vous demandé le divorce ?
– Parce qu'on **se disputait** sans cesse.
– Avez-vous des enfants ?
– Oui, deux.
– Qui a **la garde des enfants** ?
– C'est moi. Mon **ex-mari prend** les enfants un week-end sur deux.
– Voulez-vous **vous remarier** un jour ?
– Pourquoi pas ?

EXERCICES

1 **Éliminez l'intrus.**

1. on s'aime / on s'entend bien / on entend bien / on est amoureux
2. la séparation / l'entente / la dispute / la rupture
3. mon copain / mon mari / mon conjoint / mon époux
4. séparé / divorcé / ex-mari / rencontré
5. le ménage / la scène de ménage / la dispute / le conflit

2 **À l'aide des indications suivantes, racontez la vie sentimentale de Gaspard, entre 1980 et 1995. Faites des phrases complètes.**

1980 : Rencontre Gaspard-Margot, coup de foudre
1982 : Vie en concubinage, passion
1985 : Mariage à l'église
1990 : Début des scènes de ménage
1992 : Rencontre Gaspard-Solène, grande crise entre Gaspard et Margot
1993 : Divorce Gaspard-Margot, relation amoureuse Gaspard-Solène
1994 : Disputes entre Gaspard et Solène
1995 : Départ de Solène, rupture, solitude de Gaspard

____

____

____

____

____

3 **Choisissez pour chaque question les deux réponses possibles (cochez les bonnes cases).**

1. Est-ce que tu es d'accord pour divorcer ?
   a. ☐ Si tu me laisses la garde des enfants, c'est d'accord.
   b. ☐ Non, je refuse de divorcer.
   c. ☐ Oui, d'accord, car on s'entend très bien.

2. Est-ce que tu veux m'épouser ?
   a. ☐ Oui, d'accord, je préfère vivre seule.
   b. ☐ J'attendais cette question depuis si longtemps !
   c. ☐ J'ai 21 ans, je suis trop jeune pour me marier.

3. Est-ce que vous vous entendez bien ?
   a. ☐ On ne s'entend pas du tout, on se dispute sans cesse, je crois qu'on va se séparer.
   b. ☐ Oui, absolument, on se fait des scènes de ménage très régulièrement.
   c. ☐ Depuis le coup de foudre de la rencontre, nous vivons une passion.

LES JOIES ET LES PEINES

Les émotions

rire → le rire	≠	pleurer → les larmes
éclater de rire	≠	fondre en larmes
rire aux éclats, mourir de rire	≠	pleurer à chaudes larmes
éprouver de la joie	≠	éprouver de la tristesse, avoir du chagrin
réjouir (« *Cela me réjouit !* »)	≠	attrister, chagriner (« *Cela m'attriste beaucoup.* »)
se réjouir, être gai	≠	être triste
être, se sentir heureux → le bonheur	≠	être, se sentir malheureux → le malheur

Remarque : Les larmes ne traduisent pas toujours la tristesse : on pleure parfois de joie, de rire → rire aux larmes.
Quelques expressions :
- *avoir les larmes aux yeux* = être à la limite de pleurer
- *avoir le fou rire* = rire à ne plus pouvoir s'arrêter
- *c'est pour rire* = ce n'est pas sérieux

Pour exprimer un sentiment

J'ai une grande amitié pour lui, mais je n'éprouve aucun sentiment amoureux.

éprouver / avoir
de l'amitié
de la sympathie
de l'affection
de la tendresse
de l'amour
de la haine...
pour quelqu'un

L'absence de sentiment = **l'indifférence**
→ n'éprouver aucun sentiment pour X = être **indifférent à** X.

La mort

Liliane **a perdu** son père = son père est mort (→ **perdre** quelqu'un).
Quand on perd un ami ou un parent proche, on est **en deuil**.
Un enfant qui a perdu ses parents est **orphelin**(e).
Une femme qui a perdu son mari est **veuve**. Un homme qui a perdu sa femme est **veuf**.
Les morts sont **enterrés** ou **incinérés** → **un enterrement**, **une incinération**.
L'enterrement se passe **au cimetière**.
Lors de l'enterrement, on dépose des **gerbes**, des **couronnes** de fleurs sur **la tombe** du mort.

Note culturelle : Le cimetière parisien du « Père-Lachaise » est un haut lieu touristique. Vous pouvez y trouver les tombes de Frédéric Chopin, Édith Piaf, Jim Morrison, Amedeo Modigliani...

Complétez le tableau.

MASCULIN	FÉMININ
orphelin	
copain	
	veuve
	compagne
mari	

Quelle est la situation familiale de chaque personne ?

marié(e) – célibataire – divorcé(e) – veuf(ve)

1. Éric a été marié pendant sept ans avec une violoniste qui l'a quitté pour se remarier avec son chef d'orchestre. Maintenant, Éric est ________________ .
2. Claire vit depuis longtemps avec Michel, mais elle refuse de se marier. Elle est ________________ .
3. Julien rentre tout juste d'Amérique du Sud où il était en voyage de noces. Julien est ________________ .
4. Jean s'est marié très jeune avec Marie. Ils ont d'abord eu Fabrice, puis Marie est morte à la naissance de leur deuxième enfant. Jean est ________________ .
5. Laurent a un rêve : se marier et avoir beaucoup d'enfants. Mais le problème est qu'il ne trouve pas la femme de sa vie... Il est toujours ______________ .
6. Carole voulait épouser son patron, elle a épousé son jardinier... Maintenant, elle est ________________ .

3 **Associez chaque phrase à un dessin.**

1. Il fond en larmes. ☐
2. Elle a le fou rire. ☐
3. Il éprouve de la haine pour son patron. ☐
4. Elle est complètement indifférente à son voisin. ☐

5 LE TEMPS QUI PASSE

Il y a	60 secondes dans une minute	28, 29, 30 ou 31 jours dans un mois
	60 minutes dans une heure	52 semaines dans une année
	24 heures dans une journée	100 ans dans un siècle
	7 jours dans une semaine	1 000 ans dans un millénaire.

LES QUATRE SAISONS ET LES MOIS DE L'ANNÉE

- le printemps – l'été – l'automne – l'hiver
- janvier – février – mars – avril – mai – juin – juillet – août – septembre – octobre – novembre – décembre

LA SEMAINE

- Mon appartement se transforme en hôtel ! **Aujourd'hui**, nous sommes le 10. Ève est arrivée **mercredi dernier**, le 2. Elle m'avait téléphoné **la veille** (le 1er). Comme elle est repartie **hier soir** (le 9), elle ne verra pas Paul, qui sera chez moi **demain matin** (le 11). Gaëlle arrivera **la semaine prochaine**, **mardi prochain** (le 15). Les deux repartiront **le lendemain après-midi**, le 16. Dans **8 jours** (le 17), ma sœur, qui prend un cours **le jeudi** (= **tous les jeudis**) viendra aussi, mais dans **15 jours** (le 24, qui est un jour **férié**), c'est moi qui **ferai le pont** : je ne travaillerai pas vendredi et je serai absent de jeudi à dimanche.

L	M	M	J	V	S	D
	1	2	3	4	5	6
7	8	9	10	11	12	13
14	15	16	17	18	19	20
21	22	23	24	25	26	27
28	29	30				

LA DATE

- ***Quelle est la date**, aujourd'hui ?*

– Vendredi 5 avril 2002.

- ***Quel jour** sommes-nous ?*

– Nous sommes vendredi.

- ***On est*** ** quel jour, aujourd'hui ?*

– On est vendredi.*

- *Nous sommes **le combien** ?*

– Nous sommes le 5.

- *Le 1er mai **tombe** quel jour, cette année ?*

– Le 1er mai tombe un jeudi.

- ***C'est quand**, ton anniversaire ?*

– C'est en septembre.

- ***Quand a lieu** la fête de la musique ?*

– En été, le 21 juin, le jour de l'été.

- *Le mariage de Luc, **c'est le combien** ?*

– C'est le 13 octobre.

Remarques : Les Français disent « 8 jours » et « 15 jours » pour « une semaine » et « deux semaines ». On dit « le premier août » (le 1er), mais ensuite le deux, le trente et un (le 2, le 31).

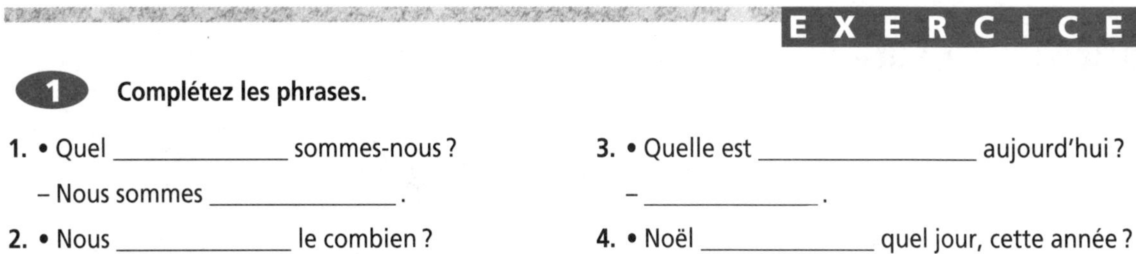

1 Complétez les phrases.

1. • Quel ______________ sommes-nous ?
   – Nous sommes ______________ .
2. • Nous ______________ le combien ?
   – Nous ______________ le __________ .
3. • Quelle est ________________ aujourd'hui ?
   – ______________ .
4. • Noël ______________ quel jour, cette année ?
   – Noël ______________ un jeudi.

2 Devinez de quel jour on parle.

1. C'est au printemps. C'est un dimanche, mais le lendemain est aussi un jour férié. On offre des œufs en chocolat. C'est ____________________ .
2. C'est aussi au printemps. C'est un jour férié, donc on ne travaille pas. Et pourtant le nom de la fête est ____________________ et c'est le____________________ .
3. C'est en été, au milieu du mois. Il y a partout de grandes fêtes, des bals et des feux d'artifice. C'est ____________________ .
4. C'est en hiver. On s'offre beaucoup de cadeaux. Dans beaucoup de pays, le lendemain est férié, mais pas en France. C'est ____________________ .
5. C'est aussi en hiver. La veille au soir, on dîne très tard, et quand minuit sonne, on se souhaite « bonne année ». C'est ____________________ .
6. C'est en automne. Ce n'est pas une fête religieuse, mais c'est un jour férié. C'est ____________________ .
7. C'est en hiver. Ce n'est pas un jour férié, mais les enfants se déguisent et portent des masques. C'est ____________________ .

	JANVIER	FÉVRIER	MARS	AVRIL	MAI	JUIN
	7h46 à 16h03	7h22 à 16h47	6h34 à 17h33	5h30 à 18h20	4h32 à 19h04	3h54 à 19h44
1	M **JOUR de l'AN**	S Se Ella	S S. Aubin	M S. Hugues	J **FÊTE du TRAVAIL**	D **Fête-Dieu**
2	J S. Basile	D *Présentation*	D S. Charles le B.	M Se Sandrine	V S. Boris	L Se Blandine
3	V Se Geneviève	L S. Blaise	L S. Guénolé	J S. Richard	S SS. Phil., Jacq.	M S. Kévin
4	S S. Odilon	M Se Véronique	M S. Casimir	V S. Isidore	D S. Sylvain	M Se Clotilde
5	D **Épiphanie**	M Se Agathe	M S. Olive	S Se Irène	L Se Judith	J S. Igor
6	L S. Mélaine	J S. Gaston	J Se Colette	D S. Marcellin	M Se Prudence	V S. Norbert
7	M S. Raymond	V Se Eugénie	V Se Félicité	L **Annonciation**	M Se Gisèle	S S. Gilbert
8	M S. Lucien	S Se Jacqueline	S S. Jean de D.	M Se Julie	J **ASCENSION/VICT. 45**	D S. Médard
9	J Se Alix	D Se Apolline	D Se Françoise	M S. Gautier	V S. Pacôme	L Se Diane
10	V S. Guillaume	L S. Arnaud	L S. Vivien	J S. Fulbert	S Se Solange	M S. Landry
11	S S. Paulin	M **Mardi-Gras**	M Se Rosine	V S. Stanislas	D **F. Jeanne d'Arc**	M S. Barnabé
12	D Se Tatiana	M **Cendres**	M Se Justine	S S. Jules	L S. Achille	J S. Guy
13	L Se Yvette	J Se Béatrice	J S. Rodrigue	D Se Ida	M Se Rolande	V S. Ant. de P.
14	M Se Nina	V S. Valentin	V Se Mathilde	L S. Maxime	M S. Matthias	S S. Élisée
15	M S. Remi	S S. Claude	S Se Louise	M S. Paterne	J Se Denise	D Se Germaine
16	J S. Marcel	D **Carême**	D Se Bénédicte	M S. Benoît-J.	V S. Honoré	L S. J.-F. Régis
17	V Se Roseline	L S. Alexis	L S. Patrice	J S. Anicet	S S. Pascal	M S. Hervé
18	S Se Prisca	M Se Bernadette	M S. Cyrille	V S. Parfait	D **PENTECÔTE**	M S. Léonce
19	D S. Marius	M S. Gabin	M S. Joseph	S Se Emma	L S. Yves	J S. Romuald
20	L S. Sébastien	J Se Aimée	J PRINTEMPS	D Se Odette	M S. Bernardin	V S. Silvère
21	M Se Agnès	V S. P. Damien	V Se Clémence	L S. Anselme	M S. Constantin	S ÉTÉ
22	M S. Vincent	S Se Isabelle	S Se Léa	M S. Alexandre	J S. Émile	D S. Alban
23	J S. Barnard	D S. Lazare	D **Rameaux**	M S. Georges	V S. Didier	L Se Audrey
24	V S. Fr. de Sales	L S. Modeste	L Se Cath. Su.	J S. Fidèle	S S. Donatien	M S. Jean Bapt.
25	S *Conv. S. Paul*	M S. Roméo	M S. Humbert	V S. Marc	D **F. des Mères**	M S. Prosper
26	D Se Paule	M S. Nestor	M Se Larissa	S Se Alida	L S. Bérenger	J S. Anthelme
27	L Se Angèle	J Se Honorine	J S. Habib	D **Jour du Souvenir**	M S. Augustin	V S. Fernand
28	M S. Th. d'Aquin	V S. Romain	V S. Gontran	L Se Valérie	M S. Germain	S S. Irénée
29	M S. Gildas		S Se Gwladys	M Se Cath. de Si.	J S. Aymar	D SS. Pierre, Pau
30	J Se Martine		D **PÂQUES**	M S. Robert	V S. Ferdinand	L S. Martial
31	V Se Marcelle		L S. Benjamin		S *Visitation*	

Epacte 21 / Lettre dominic. E
Cycle solaire 18 / Nbre d'or 3
Indiction romaine 5

CASLON - Paris (1) 49 84 26 2?

	JUILLET	AOÛT	SEPTEMBRE	OCTOBRE	NOVEMBRE	DÉCEMBRE
	3h53 à 19h56	4h25 à 19h28	5h09 à 18h32	5h51 à 17h28	6h39 à 16h29	7h24 à 15h55
1	M S. Thierry	V S. Alphonse	L S. Gilles	M Se Th. de l'E.J.	S **TOUSSAINT**	L Se Florence
2	M S. Martinien	S S. Julien Ey.	M Se Ingrid	J S. Léger	D **Défunts**	M Se Viviane
3	J S. Thomas	D Se Lydie	M S. Grégoire	V S. Gérard	L S. Hubert	M S. Xavier
4	V S. Florent	L S. J.M. Vianne	J Se Rosalie	S S. Fr. d'Assise	M S. Charles	J Se Barbara
5	S S. Antoine	M S. Abel	V Se Raïssa	D Se Fleur	M Se Sylvie	V S. Gérald
6	D Se Mariette	M *Transfiguratio*	S S. Bertrand	L S. Bruno	J Se Bertille	S S. Nicolas
7	L S. Raoul	J S. Gaétan	D Se Reine	M S. Serge	V Se Carine	D S. Ambroise
8	M S. Thibaut	V S. Dominique	L *Nativité N.D.*	M Se Pélagie	S S. Geoffroy	L *Imm. Concept.*
9	M Se Amandine	S S. Amour	M S. Alain	J S. Denis	D S. Théodore	M S. P. Fourier
10	J S. Ulrich	D S. Laurent	M Se Inès	V S. Ghislain	L S. Léon	M S. Romaric
11	V S. Benoît	L Se Claire	J S. Adelphe	S S. Firmin	M **ARMISTICE 1918**	J S. Daniel
12	S S. Olivier	M Se Clarisse	V S. Apollinaire	D S. Wilfried	M S. Christian	V Se Jeanne-F.C.
13	D SS. Henri, Joë	M S. Hippolyte	S S. Aimé	L S. Géraud	J S. Brice	S Se Lucie
14	L **FÊTE NATIONALE**	J S. Évrard	D *La Se Croix*	M S. Juste	V S. Sidoine	D Se Odile
15	M S. Donald	V **ASSOMPTION**	L S. Roland	M Se Th. d'Avila	S S. Albert	L Se Ninon
16	M *N.D Mt-Carme*	S S. Armel	M Se Édith	J Se Edwige	D Se Marguerite	M Se Alice
17	J Se Charlotte	D S. Hyacinthe	M S. Renaud	V S. Baudouin	L Se Élisabeth	M S. Gaël
18	V S. Frédéric	L Se Hélène	J Se Nadège	S S. Luc	M Se Aude	J S. Gatien
19	S S. Arsène	M S. Jean Eudes	V Se Émilie	D S. René	M S. Tanguy	V S. Urbain
20	D Se Marina	M S. Bernard	S S. Davy	L Se Adeline	J S. Edmond	S S. Abraham
21	L S. Victor	J S. Christophe	D S. Matthieu	M Se Céline	V *Prés. Marie*	D HIVER
22	M Se Marie-Mad	V S. Fabrice	L AUTOMNE	M Se Élodie	S Se Cécile	L Se Fr.-Xavière
23	M Se Brigitte	S Se Rose de L.	M S. Constant	J S. Jean de C.	D S. Clément	M S. Armand
24	J Se Christine	D S. Barthélemy	M Se Thècle	V S. Florentin	L Se Flora	M Se Adèle
25	V S. Jacques	L S. Louis	J S. Hermann	S S. Crépin	M Se Catherine L.	J **NOËL**
26	S SS. Anne, Joa	M Se Natacha	V SS. Côme, Dam.	D S. Dimitri	M Se Delphine	V S. Étienne
27	D Se Nathalie	M Se Monique	S S. Vinc. de P.	L Se Émeline	J S. Séverin	S S. Jean
28	L S. Samson	J S. Augustin	D S. Venceslas	M SS. Sim., Jude	V S. Jacq. de la M.	D *SS. Innocents*
29	M Se Marthe	V Se Sabine	L S. Michel	M S. Narcisse	S S. Saturnin	L S. David
30	M Se Juliette	S S. Fiacre	M S. Jérôme	J Se Bienvenue	D **Avent**	M S. Roger
31	J S. Ignace de L	D S. Aristide		V S. Quentin		M S. Sylvestre

CASLON - Paris (1) 49 84 26 26

LA JOURNÉE

- Élodie et Basile ont des vies très différentes, « **c'est le jour et la nuit !** »

- Basile est acteur. Il joue **tous les soirs**, mais quelquefois il ne travaille pas **trois jours de suite**. Deux fois **par jour**, il prend le métro pour aller au théâtre. **Le matin**, il se lève tard ; il **passe la matinée** au lit (il fait « **la grasse matinée** »), mais **le soir** il se couche tard. Il aime son travail et **un jour**, peut-être, il sera un acteur célèbre…

- Élodie est infirmière. Elle travaille **de jour** ou **de nuit**, ça dépend des semaines. **Du jour au lendemain** (= soudainement), elle peut changer d'horaire. Quand elle travaille de jour, elle fait **la journée continue** : elle part de chez elle **en début de matinée** et revient tôt l'après-midi. Mais souvent elle va à l'hôpital **en fin de journée**, elle y **passe la nuit**.

- **Ce soir**, Élodie et Basile organisent **une soirée** chez eux avec des amis. C'est assez rare, parce que les deux travaillent **du matin au soir**, et même **jour et nuit** ! Ils passeront certainement **une excellente soirée**. Pas comme la dernière fois, où ils s'étaient disputés **toute la soirée**… Ils avaient **passé une** très **mauvaise soirée** !

Remarques :
- Certains mots ont deux formes. Observez dans le texte ci-dessus l'utilisation de l'une ou l'autre : le matin / la matinée – le jour / la journée – le soir / la soirée
- J'ai passé **la soirée** chez des amis (j'y ai dîné). ≠ J'ai passé **la nuit** chez des amis (j'y ai dormi).
- "midi" signifie à la fois "12 heures", "le milieu de la journée" et "l'heure du déjeuner". Avec une majuscule, "le Midi" désigne le sud de la France ("il a l'accent du Midi"). *À midi, j'ai vu Annie, qui vient du Midi.*

La lumière du jour

Il fait jour / il fait **grand jour**.	≠	Il fait **nuit** / il fait **nuit noire**.
Le jour **se lève**.	≠	La nuit **tombe**.
Puis **le soleil se lève**.	≠	Le soleil **se couche**.
Il y a **un** beau **lever de soleil**.	≠	**Le coucher de soleil** est splendide.

EXERCICES

1 Entourez la bonne réponse.

1. Je suis allé au cinéma. J'ai passé une excellente | soir | soirée | matinée |.
2. Depuis que j'ai changé de travail, c'est le | matin | soir | jour | et la nuit !
3. Nous avons rendez-vous à 9 heures, en début de | matin | matinée | après-midi |.
4. | Ce soir | Cette nuit | Ce matin |, nous sommes invités à dîner.
5. En été, il fait | sombre | noir | nuit | à 22 h 30.
6. En hiver, il fait | jour | clair | blanc | tard le matin.
7. La nuit | tombe | se couche | part | vite en hiver.

Décrivez l'emploi du temps de Stéphane Bobillot, en utilisant seulement le vocabulaire de la page ci-contre.

	LUNDI	MARDI	MERCREDI	JEUDI	VENDREDI	SAMEDI	DIMANCHE
8.00							
9.00	réunion		bureau				Forêt
10.00		Hambourg		Séminaire		Tennis	de
11.00							Fontainebleau ?
12.00							
13.00							
14.00	vol pour						
15.00	Hambourg						
16.00							
17.00			coiffeur				Raphaël
18.00							doit
19.00						Dîner chez	passer
20.00			Colette (anniversaire)			les Leval	

Lundi matin, il a une réunion et en début d'après-midi, il part ______

L'HEURE

Dire l'heure

registre quotidien : 12 heures	registre officiel, administratif : 24 heures	
midi	douze heures	12 h 00
midi cinq	douze heures cinq	12 h 05
midi dix	douze heures dix	12 h 10
midi et quart	douze heures quinze	12 h 15
midi vingt	douze heures vingt	12 h 20
midi vingt-cinq	douze heures vingt-cinq	12 h 25
midi et demie	douze heures trente	12 h 30
une heure moins vingt-cinq	douze heures trente-cinq	12 h 35
une heure moins vingt	douze heures quarante	12 h 40
une heure moins le quart	douze heures quarante-cinq	12 h 45
une heure moins dix	douze heures cinquante	12 h 50
une heure moins cinq	douze heures cinquante-cinq	12 h 55
une heure	treize heures	13 h 00
minuit	zéro heure	0 h 00

• *Quelle heure est-il ?*
*– Il est 9 heures 20 (neuf heures vingt **précises**).*
• *Quelle heure il est ?**
*– Il est moins dix.**
• *Tu peux me dire l'heure, s'il te plaît ?*
– Oui, il est presque midi.
• *Vous avez l'heure, s'il vous plaît ?*
– Oui, il est six heures moins cinq.

• ***À** quelle heure est ton train ?*
*– **À la demie***, *à la demie **pile*** (précise).*
• ***À** quelle heure tu vas voir Jean ?*
*– **À** 8 heures.*
*– **Du matin** ou **du soir** ?*
*– **Du** soir, bien sûr !*
• *C'est ouvert **de** quelle heure **à** quelle heure ?*
*– **De** 8 h **à** 12 h et de 14 h à 18 h.*

La durée

un quart d'heure = 15 minutes
une demi-heure = 30 minutes
trois quarts d'heure = 45 minutes

Je suis resté trois quarts d'heure chez le dentiste ! (plus courant que « 45 minutes »)

La gare est ouverte **7 jours sur 7**.
Ce bistrot est ouvert **24 heures sur 24**.

1 **Complétez.**

1. • Quelle ______________ est-il ?
   – Il est ______________.
2. • Vous ______________ l'heure, s'il vous plaît ?
   – Oui, il est ______________.
3. • ______________ est-ce que tu as rendez-vous avec René ?
   – J'ai rendez-vous ______________ cinq heures et demie.
4. • Tu peux me ______________ l'heure, s'il te plaît ?
   – Oui, il ______________ minuit.
5. • À ______________ heure est-ce que tu pars ?
   – À la ______________.

2 **Les phrases suivantes sont-elles correctes ? Corrigez-les si nécessaire.**

1. Il est midi, je vais déjeuner. ______________
2. Il est quatorze heures, c'est le début de la matinée. ______________
3. Il est minuit, elle va se coucher. ______________
4. C'est ouvert tous les jours, sept jours sur sept. ______________
5. Elle a attendu deux quarts d'heure. ______________
6. Il est six heures pile, il est 18 heures. ______________
7. Il n'a pas l'heure : il est zéro heure. ______________

À vous !

- Quelle heure est-il ?

  ____
- À quelle heure est-ce que vous avez un cours de français ?

  ____
- Dans votre pays, les magasins sont ouverts de quelle heure à quelle heure, en général ?

  ____
- À quelle heure est-ce que vous vous levez, le matin ?

  ____
- À quelle heure est-ce que vous vous êtes couché, hier soir ?

  ____

POUR ALLER PLUS LOIN

• **Mettre** du temps **à** faire quelque chose (le temps nécessaire dans une situation personnelle).

• **Ça prend** du temps / **il faut** du temps (le temps habituellement nécessaire).
Il faut combien de temps pour aller de Paris à Versailles ?
– Normalement, il faut (ça prend) seulement une demi-heure. Hier soir, nous avons mis deux heures !

• **Passer** du temps **à** faire quelque chose :
J'ai passé un quart d'heure à bavarder avec ma voisine. Elle a passé trois ans au Mexique.
Vous avez passé un bon week-end ? Ils ont passé de bonnes vacances ? J'ai passé une soirée merveilleuse.
Connaissez-vous l'expression : « Le temps passe vite » ?

• **Perdre** du temps ≠ **gagner** du temps
Il avait pris sa voiture pour gagner du temps, mais il a eu un petit accident et finalement, il a perdu deux heures. (Il a perdu son temps, c'était du temps perdu.)

• **Prendre son temps ≠ se dépêcher**
Le dimanche, je prends mon temps pour me préparer, je ne me dépêche pas.

• **Avoir le temps ≠ être pressé**
Excuse-moi, je n'ai pas le temps de déjeuner avec toi aujourd'hui, je suis pressé.

• Arriver / être / partir… **en avance**, **en retard**, **à l'heure**
Le rendez-vous est à 9 heures : à 9 h 30, je suis en retard.
à 8 h 45, je suis en avance.
à 9 h, je suis à l'heure (je suis ponctuel).

• **Avancer ≠ retarder**
Il est dix heures. La pendule marque 10 h 10, elle avance. Elle marque 9 h 50, elle retarde.

• **Tôt = de bonne heure ≠ tard**
Je me suis levé tôt / de bonne heure ce matin (à 6 h 30) ; je vais me coucher tôt ce soir (à 21 h).
Il s'est levé tard (à 11 h), il s'est couché tard (à une heure du matin).

• **À temps**
Il est arrivé juste à temps pour attraper le train.

1 Entourez la bonne réponse.

1. Nous avons | mis | pris | trois heures pour arriver à la mer.
2. Il a | pris | passé | la journée à son bureau.
3. J'ai passé la matinée | à faire | faisant | le ménage.
4. Ils se sont levés | à l'heure | de bonne heure |, à 6 heures du matin.
5. Tu as | passé | eu | un bon week-end ?
6. Le temps | va | passe | vite !
7. La pendule | avance | est en avance |.
8. Je suis | tard | en retard |.
9. Elle est ponctuelle, elle est toujours | à l'heure | à temps |.
10. Nous sommes en avance, nous | avons | prenons | le temps.

2 Dites le contraire.

1. Elle a *gagné* du temps. ______________________
2. Ils sont arrivés *en avance*. ______________________
3. Je suis parti *tard*. ______________________
4. Il *est pressé*. ______________________
5. Elle *se dépêche*. ______________________
6. La pendule *retarde*. ______________________

À vous !

- Est-ce que vous êtes souvent en retard ?

____

- Combien de temps avez-vous mis pour faire les exercices précédents ?

____

- Est-ce que vous vous levez de bonne heure, le matin ?

____

- Combien de temps est-ce qu'il faut pour aller de chez vous à la poste la plus proche ?

____

- Est-ce que vous avez le temps de lire, aujourd'hui ?

____

6 LE TEMPS QU'IL FAIT

LES FORMULES ESSENTIELLES

- Au présent : « **Quel temps fait-il ?** »
Au passé : « **Quel temps a-t-il fait ?** » ou « **Vous avez eu beau temps ?*** »

- **Il fait** + adjectif (il a fait / il fera / il va faire, etc.).
Il fait (très) beau. ≠ Il ne fait pas (très) beau.

- **Il fait** + nom et adjectif.
Il fait une belle journée.

- **Il fait** + température.
Il fait 32° / il fait - 5° / il fait 35° à l'ombre.

- **Il y a** + nom (il y avait / il y a eu / il y aura, etc.).
Il y a du vent. ≠ Il n'y a pas de vent.

DÉCRIRE LE TEMPS QU'IL FAIT

le temps est agréable	≠	**le temps est désagréable**
il fait beau	≠	il fait mauvais
il fait (du) soleil	≠	il fait gris
le temps est clair : il fait un soleil radieux	≠	la journée est pluvieuse / orageuse
il fait un temps splendide / un temps magnifique	≠	il fait un temps affreux / un temps épouvantable
il fait bon / doux	≠	il fait lourd / humide / orageux
il fait (très) chaud	≠	il fait (très) froid
il fait frais	≠	il fait une chaleur insupportable / une chaleur torride : « Quelle canicule ! »
		il fait -10° : « il fait un froid de canard* »
le temps est au beau fixe	≠	le temps est changeant / incertain
le temps s'améliore	≠	le temps se dégrade

EXERCICES

1 **Complétez les phrases suivantes (attention au temps des verbes).**

1. • Vous ______________ beau temps, pendant vos vacances ?
   – Oui, il ______________ un temps superbe.
2. • Quel ______________ fera-t-il demain ?
   – La météo annonce qu'il ______________ très froid.
3. • Est-ce qu' ______________ du vent ?
   – Non, ______________ de vent. Il ______________ très bon dehors.
4. • Il ______________ beau, la semaine dernière ?
   – Oh non, il ______________ un temps ______________.
5. • Il ______________ chaud dehors ?
   – Oui, il ______________ une chaleur épouvantable. Il ______________ presque 40° à l'ombre !
6. • Est-ce qu'il ______________ soleil ?
   – Non, il ______________ gris et lourd.

2 **Éliminez l'intrus.**

1. bon / doux / lourd
2. chaleur / vent / canicule
3. lourd / orageux / changeant
4. pluvieux / frais / froid
5. radieux / épouvantable / splendide
6. clair / chaud / torride

3 **Quel temps fait-il aujourd'hui ? Plusieurs expressions sont possibles.**

a.

____
____
____

b.

____
____
____

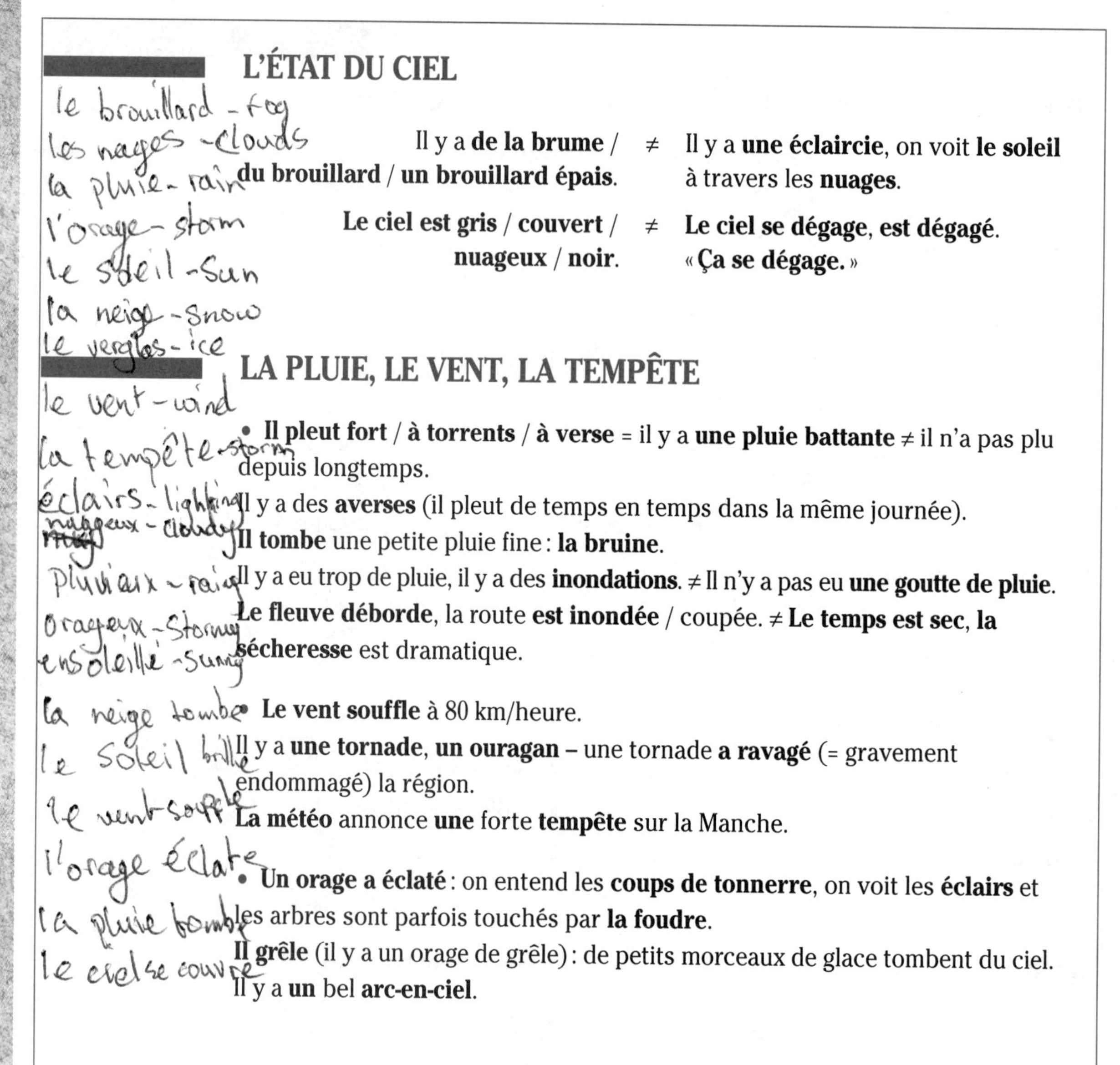

L'ÉTAT DU CIEL

Il y a **de la brume** / **du brouillard** / **un brouillard épais**. ≠ Il y a **une éclaircie**, on voit **le soleil** à travers les **nuages**.

Le ciel est gris / **couvert** / **nuageux** / **noir**. ≠ **Le ciel se dégage**, **est dégagé**. « **Ça se dégage.** »

LA PLUIE, LE VENT, LA TEMPÊTE

- **Il pleut fort** / **à torrents** / **à verse** = il y a **une pluie battante** ≠ il n'a pas plu depuis longtemps.

  Il y a des **averses** (il pleut de temps en temps dans la même journée).
  Il tombe une petite pluie fine : **la bruine**.
  Il y a eu trop de pluie, il y a des **inondations**. ≠ Il n'y a pas eu **une goutte de pluie**.
  Le fleuve déborde, la route **est inondée** / coupée. ≠ **Le temps est sec**, **la sécheresse** est dramatique.

- **Le vent souffle** à 80 km/heure.

  Il y a **une tornade**, **un ouragan** – une tornade **a ravagé** (= gravement endommagé) la région.
  La météo annonce **une** forte **tempête** sur la Manche.

- **Un orage a éclaté** : on entend les **coups de tonnerre**, on voit les **éclairs** et les arbres sont parfois touchés par **la foudre**.

  Il grêle (il y a un orage de grêle) : de petits morceaux de glace tombent du ciel.
  Il y a **un** bel **arc-en-ciel**.

LA NEIGE ET LA GLACE

Il neige / il y a des **congères** au bord des routes. **Le chasse-neige** va passer pour dégager la route.
Il fait -10°, **il gèle** : attention, il y a **du verglas** sur les routes.
Il fait froid ce matin, il y a **du givre** sur les vitres de la voiture.

LE CLIMAT

un climat sec	≠	humide
un climat tempéré	≠	tropical
un climat doux	≠	rude

EXERCICES

1 **Trouvez dans la grille ci-dessous 16 mots en rapport avec le temps qu'il fait (horizontalement, verticalement ou en biais).**

```
P E W B Z B E M B L O T T B
M T M N M R N P I T K M G M
I O M M V H H E N G M O R H
H N G I E A L E I M L R I M
K N G L M O V E R G L A S U
U E E S S P Y E C W E G C P
B R O U I L L A R D N E L E
G R U Q Q U H Z O S M J C N
F E C L A I R C I E E X N M
C Q A M Z E G K H C H A U D
```

2 **Entourez la bonne réponse.**

1. Attention, il y a du | glace | verglas | glaçon | sur les routes.
2. Quand il y a simultanément du soleil et de la pluie, on voit un | arc | arc-en-ciel | arc de triomphe |.
3. En hiver, il y a souvent du | bruit | brouillard | brume |.
4. Pendant un orage, on entend le tonnerre et on voit des | lumières | éclairages | éclairs |.
5. Certains climats sont chauds et | humides | mouillés | aquatiques |.
6. Demain, alternance de soleil et de | douches | bains | averses |.
7. L'arbre a été touché par | le coup de tonnerre | le coup de foudre | la foudre |.

À vous ! Parlez de votre pays.

- Quel temps fait-il aujourd'hui ?

____

- Quelle est la température aujourd'hui ?

____

- Quel est le climat de votre pays ?

____

- Est-ce qu'il y a beaucoup de vent en général ?

____

- Est-ce qu'il y a de la neige à Noël ?

____

7 LE MILIEU NATUREL

L'UNIVERS

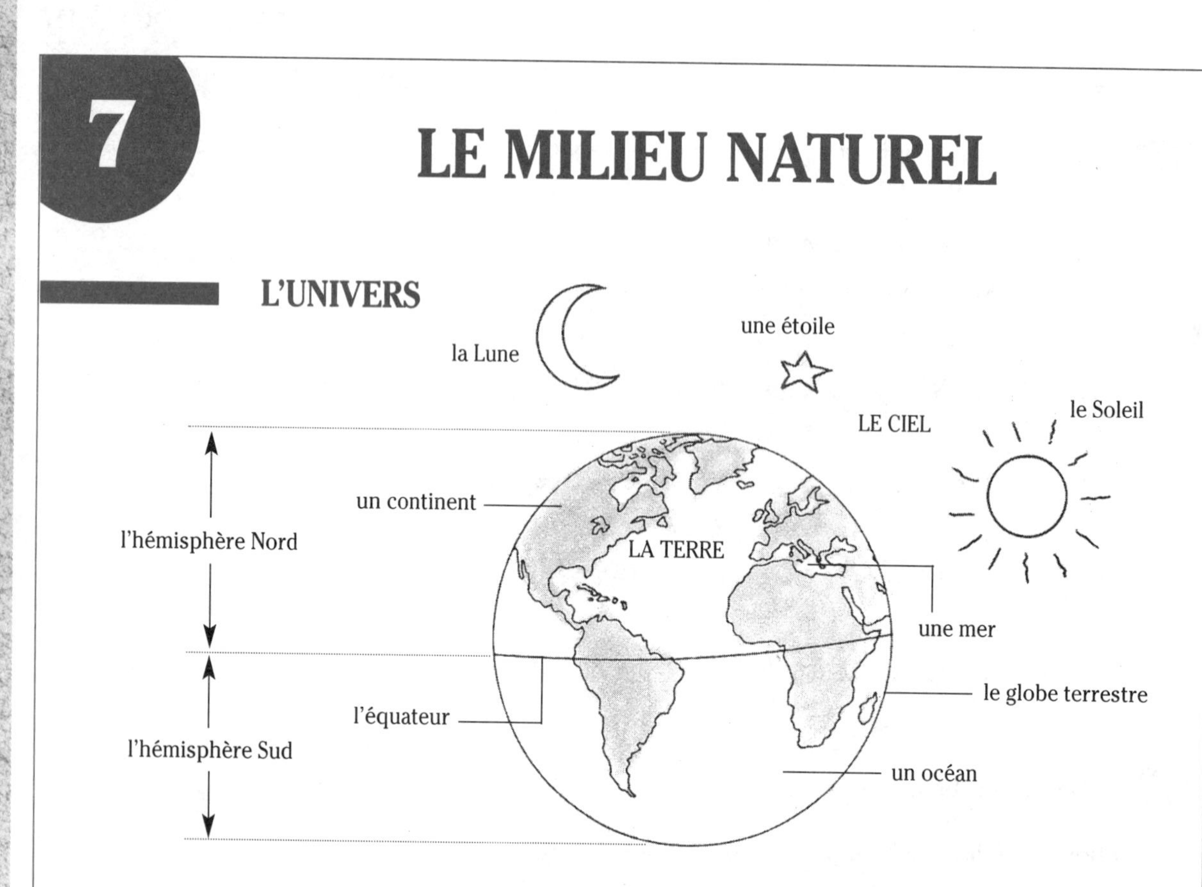

- La Terre, Mars... sont des **planètes du système solaire**. La Terre **tourne sur** elle-même et **autour du** Soleil.
- La nuit, les étoiles **brillent** dans le ciel : le ciel est **étoilé**.

Restons sur Terre...

Notre planète est composée d'eau – les **océans** et les **mers** –, et de **terre** (sans majuscule !) – les **continents** et les **îles**.

Les 4 points cardinaux :

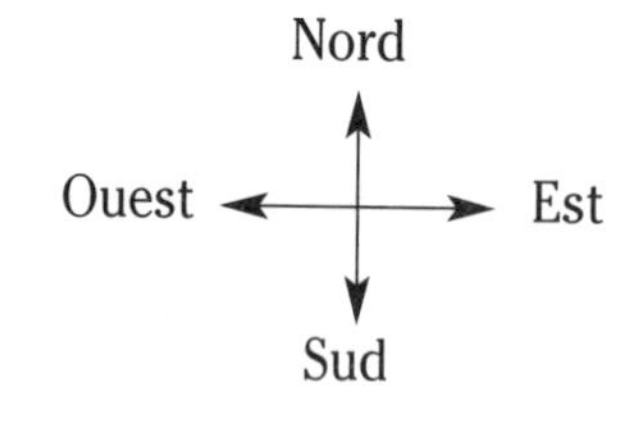

Le soleil **se lève à l'est** et **se couche à l'ouest**.

L'Amérique du **Nord** / l'Amérique du **Sud**.

Remarque : Le mot **terre** a plusieurs sens:
– Avec une majuscule, il désigne la planète (**la Terre** s'oppose à **Mars**).
– Sans majuscule, la terre peut désigner tout ce qui, sur notre planète, n'est pas la mer (**un tremblement de terre** : lorsqu'une étendue de terre bouge).
– La terre peut aussi désigner l'élément dans lequel poussent les plantes (**une terre** riche).
– **À terre** ou **par terre** : sur le sol.

• **Trois expressions à connaître :**
Avoir les pieds sur terre = être réaliste.
Ce n'est pas la mer à boire = ce n'est pas très difficile.
Être dans la lune = être distrait.

EXERCICES

1 Devinettes.

1. C'est dans le ciel, ça brille le jour, ça chauffe. C'est ____________.
2. C'est très grand, c'est sur la Terre, c'est solide, c'est entouré d'eau. C'est ____________.
3. C'est blanc, ça se voit la nuit, parfois c'est rond mais pas toujours, parfois ça disparaît. C'est ____________.
4. C'est dans le ciel, ça brille la nuit, il y en a beaucoup. Ce sont ____________.
5. C'est liquide, c'est sur la Terre, c'est grand, c'est bleu ou vert, c'est chaud ou froid. C'est ____________ ou ____________.
6. C'est une planète, ça tourne autour du soleil. C'est ____________.
7. C'est plus petit qu'un continent, c'est entouré d'eau. C'est ____________.
8. On y trouve les étoiles, la Lune, le Soleil, les avions, les nuages. C'est bleu, blanc ou gris. C'est ____________.

2 Entourez la bonne réponse.

Exemple : La Corse est **un continent.** / **une île** (entourée) / **une planète.**

1. Le soleil se lève **au sud.** / **à l'est.** / **à l'ouest.**

2. Les étoiles **se couchent** / **tournent** / **brillent** dans le ciel.

3. La Terre tourne **vers le** / **sur le** / **autour du** Soleil.

4. Le ciel est **ensoleillé.** / **étoilé.** / **luné.**

5. Paris est **au nord** / **au sud** / **à l'est** de Cannes.

Vrai ou faux ?

	VRAI	FAUX
1. La France se situe dans l'hémisphère Sud.	☐	☐
2. L'équateur sépare la Terre en deux parties.	☐	☐
3. L'équateur passe par Paris.	☐	☐
4. Le contraire de *avoir les pieds sur terre* : ne pas être dans la réalité.	☐	☐
5. Le contraire de *être dans la lune* : faire attention à ce qu'on fait.	☐	☐
6. Le contraire de *ce n'est pas la mer à boire* : il faut boire de l'eau de mer.	☐	☐
7. Pierre s'est trompé de gare, il a manqué son train : il était dans la lune.	☐	☐
8. Bruno a quitté son travail, est parti en vacances et a dépensé tout son argent : il a les pieds sur terre.	☐	☐

L'EAU

La mer

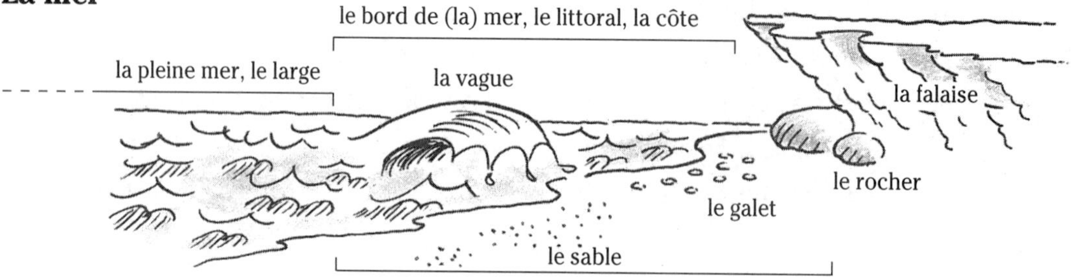

le bord de (la) mer, le littoral, la côte
la pleine mer, le large
la vague
la falaise
le rocher
le galet
le sable
la plage

Lorsque la mer est très **calme**, on dit : **une mer d'huile**.
Lorsqu'elle est **agitée**, il y a de grosses **vagues**.

Au bord de l'Atlantique, les **marées** sont importantes :
À **marée haute**, la plage occupe un espace très réduit.
À **marée basse**, la plage est très étendue.

La mer **monte** progressivement pour devenir haute (la marée est **montante**), puis **descend** progressivement pour devenir basse (la marée est **descendante**).

Le port est un lieu au bord de la mer, aménagé pour les bateaux.
Le bateau **arrive** au port / le bateau **quitte** le port.
Le port est aussi la ville qui possède ce lieu : *Calais est un port / Le port de Calais...*

L'eau salée ou **l'eau de mer** ≠ **l'eau douce** (rivières, fleuves et lacs).

Les cours d'eau

Du plus petit au plus large : **le ruisseau**, **la rivière**, **le fleuve**.
La rivière **se jette dans** le fleuve, le fleuve se jette dans la mer et forme **un estuaire**.
La rivière ou le fleuve **prend sa source** à X.

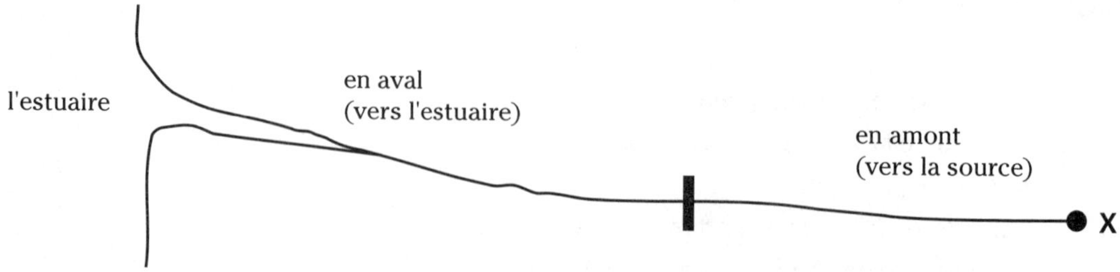

l'estuaire
en aval
(vers l'estuaire)
en amont
(vers la source)
X

Se promener **au bord de**, **le long de**, **sur les rives de** la Loire = **suivre**, **longer** la Loire.
La vallée est la région traversée, **arrosée** par un fleuve ou une rivière : la vallée du Rhône.
Le mouvement de l'eau s'appelle **le courant** : un bateau **suit** le courant ou au contraire **remonte** le courant.

EXERCICES

1 Complétez le tableau suivant à l'aide de croix (parfois, plusieurs réponses sont possibles).

	MER	RIVIÈRE	LAC
pêche	X	X	X
eau douce			
poisson			
courant			
vagues			
marée			
port			
source			
baignade			
eau salée			
bateau			
vallée			

2 Observez le schéma puis complétez les phrases à l'aide des expressions ou mots suivants :

traverse – remonter – suivre – prend sa source – arrose – en aval – se jette – estuaire.

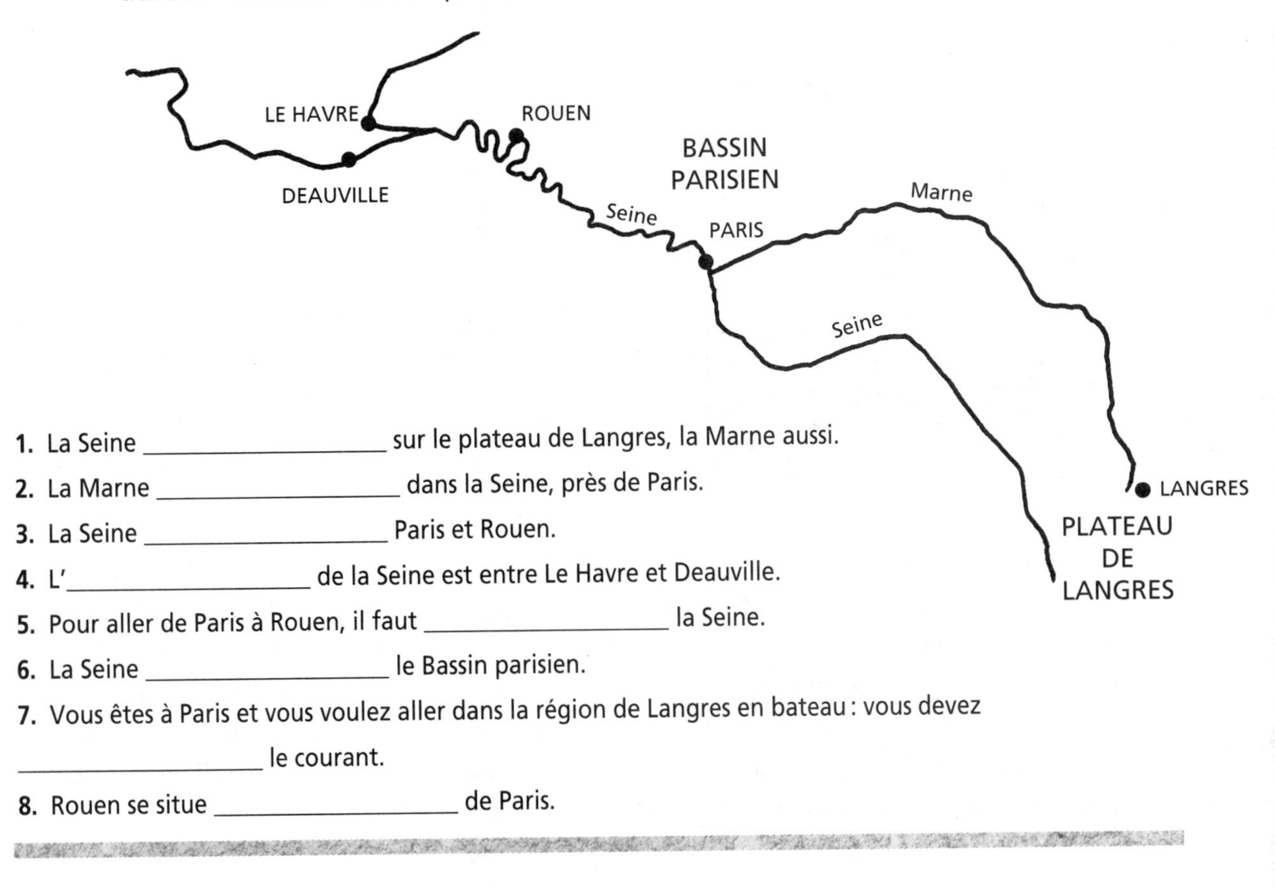

1. La Seine ____________________ sur le plateau de Langres, la Marne aussi.
2. La Marne ____________________ dans la Seine, près de Paris.
3. La Seine ____________________ Paris et Rouen.
4. L'____________________ de la Seine est entre Le Havre et Deauville.
5. Pour aller de Paris à Rouen, il faut ____________________ la Seine.
6. La Seine ____________________ le Bassin parisien.
7. Vous êtes à Paris et vous voulez aller dans la région de Langres en bateau : vous devez ____________________ le courant.
8. Rouen se situe ____________________ de Paris.

LA MONTAGNE

Le sommet (1) de cette montagne est à 2000 mètres **d'altitude**. Pour y arriver, vous montez jusqu'**au col** (2) en voiture et vous terminez à pied. En hiver, le col est parfois fermé à cause de la neige. S'il est trop tard pour redescendre, vous pouvez dormir **au refuge** (3).
Le lendemain, vous redescendez **la pente** (4) en longeant **le torrent** (5), et vous rentrez **au chalet** (6). S'il y a **un risque d'avalanche** (une grosse quantité de neige qui descend très vite le long de la pente), faites votre randonnée un autre jour : c'est très dangereux. Quand les vacances sont terminées, vous reprenez le train dans **la vallée** (7).

LA CAMPAGNE

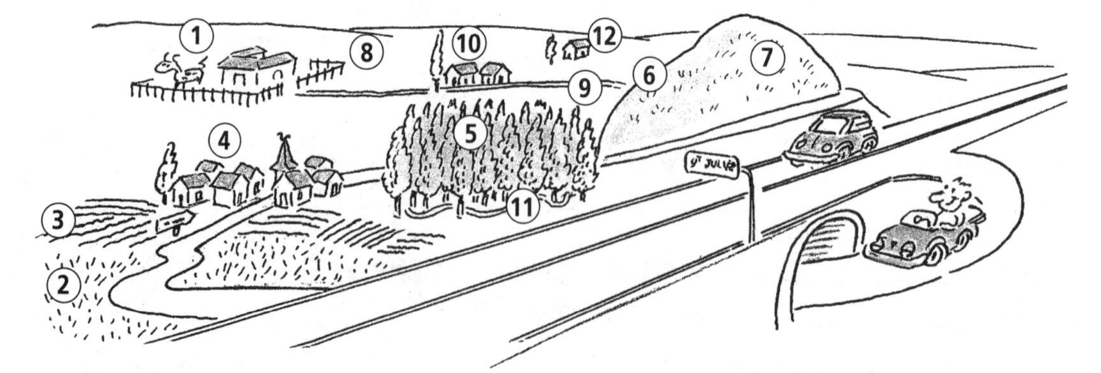

Pour arriver à **la ferme** (1) de mon oncle, je sors de l'autoroute, je prends une petite route à travers **la prairie** (les **prés**) (2) et les **champs** (3) en direction de St-Julien. Je traverse **le village** (4), je prends à droite en sortant, je traverse **une** petite **forêt** (5), je monte sur **le flanc** (6) de **la colline** (7), puis je redescends de l'autre côté, dans **la plaine** (8). Là, la route devient **un chemin** (9). Je suis le chemin et j'arrive **au hameau** (10). Le voisin de mon oncle est venu **s'installer (vivre) à la campagne** car il aime **la nature**, le calme, les **sentiers** (11) de forêt. Moi aussi, je rêve d'acheter un jour **une maison de campagne** (12)...

EXERCICES

Trouvez les réponses aux questions.

1. Pourquoi est-ce que Christine aime la montagne ?
2. Pourquoi est-ce que Jean-Paul préfère passer ses vacances à la campagne ?
3. Pourquoi est-ce que Julie aime la mer ?
4. Pourquoi est-ce que Léo préfère louer une maison au bord d'un lac ?
5. Pourquoi est-ce que Jeanne a acheté un chalet ?

a. Parce qu'elle aime se baigner dans les vagues.
b. Parce qu'il préfère l'eau douce, sans courant.
c. Parce qu'elle aime se baigner dans les torrents, se promener en altitude, faire du ski.
d. Parce qu'elle aime l'altitude et les maisons de bois.
e. Parce qu'il aime jardiner.

1. ____ 2. ____ 3. ____ 4. ____ 5. ____

2 **« De Grenoble à New York » : remettez les phrases dans l'ordre des dessins.**

☐ **a.** Dans la vallée, laissez le vélo et marchez. Prenez le chemin à droite à travers la forêt et vous arriverez au village.

☐ **b.** À Deauville, vous traverserez l'océan Atlantique à la nage et vous arriverez à New York. (À New York, on vous donnera les indications pour rentrer à Grenoble : ce n'est pas la mer à boire !)

☐ **c.** Là, on vous donnera une voiture : vous passerez sept collines, traverserez la plaine et arriverez à Paris.

☐ **d.** De Grenoble, montez au sommet de la montagne à vélo, puis descendez de l'autre côté.

☐ **e.** À Paris, vous longerez la Seine jusqu'à Deauville et vous passerez deux heures à la plage, sous le soleil.

8 LES VÉGÉTAUX

LA FORÊT

un arbre (1)
une feuille (2)
une branche (3)
le tronc (4)
une racine (5)
un champignon (6)

On **cueille**, on **ramasse** des champignons, on **va aux champignons**.

LE JARDIN

le parterre de fleurs (1)
la plate-bande (2)
la jardinière (3)
le pot (4)
un arbuste (5)
la pelouse = le gazon (6)

Quelques fleurs :
la marguerite (7)
le géranium (8)
le muguet (9)
la tulipe (10)

Le jardinier (11) **tond** la pelouse (→ tondre).
L'enfant **cueille** des fleurs et fait **un bouquet** (12).

le jardinier **plante** un rosier et l'**arrose**

le rosier **pousse** et **fleurit**

la rose **sent** parfois très **bon**

elle **se fane**

• **Traditions et symboles :**
La rose : symbole de l'amour et du Parti socialiste français.
Le muguet : on l'offre le premier mai.
Le chrysanthème : la fleur « des morts » (on en met sur les tombes à la Toussaint).
L'arbre de Noël = le sapin de Noël.

EXERCICES

1 **Les arbres et les fleurs. Complétez les phrases à l'aide des mots suivants :**
des racines – un tronc – des pétales – des branches – des feuilles – une tige

– La fleur et l'arbre ont ____________________ et ____________________.
– La fleur a ____________________ et ____________________ (l'arbre n'en a pas).
– L'arbre a ____________________ et ____________________ (la fleur n'en a pas).

2 **Mettez dans l'ordre les phrases suivantes, en les numérotant de 1 à 6.**

a. Le jardinier cueille les marguerites et fait un bouquet. ☐
b. Les marguerites fleurissent. ☐
c. Le jardinier arrose les marguerites. ☐
d. Les marguerites se fanent. ☐
e. Le jardinier plante des marguerites. ☐
f. Les marguerites poussent. ☐

3 **Quelques hommes chez la fleuriste.** *(Nous sommes le 11 mai 1981, François Mitterrand vient d'être élu président de la République.)* **Complétez à l'aide des expressions ou mots suivants :**
tulipes – rose – géranium en pot – muguet – bouquet.

1. Hervé, qui est socialiste, achète une ____________________ pour célébrer l'élection du nouveau président.
2. Christian, lui, préfère sa femme au président et pour lui montrer son amour, lui achète, non pas une rose, mais un énorme ____________________ .
3. Antoine aimerait beaucoup faire comme Christian, mais malheureusement, sa femme, qui s'appelle Rose, n'aime pas les roses. Elle préfère les ____________________ , car elle est hollandaise.
4. Luc, lui, a onze jours de retard, mais achète quand même son petit bouquet de ____________________.
5. Quant à Lucien, il est en avance : comme il ne sera pas là pour la fête des mères, il choisit déjà un joli ____________________ pour sa maman chérie.

LE JARDIN POTAGER = LE POTAGER

Les légumes

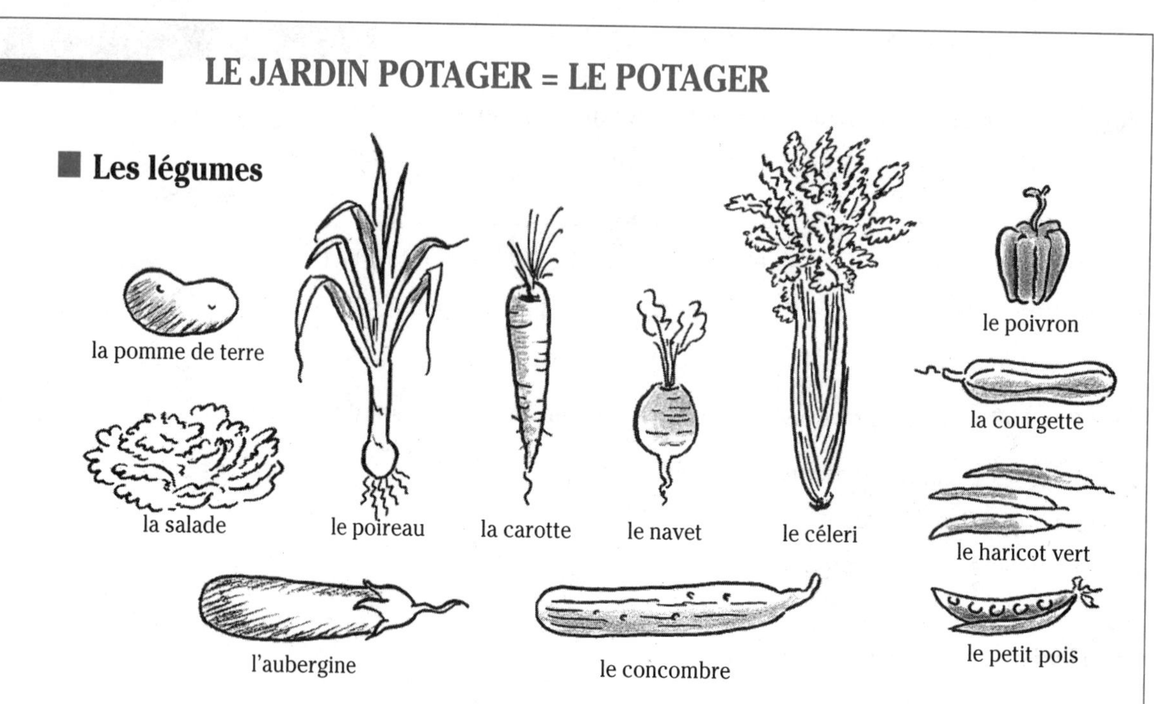

Le jardinier **cultive** des légumes. Il **entretient** le jardin potager = il **s'occupe du** jardin. Il utilise des **outils de jardinage**.
On **cueille** certains légumes et on en **arrache** d'autres (= on prend aussi la partie qui est dans la terre. *Exemple* : les pommes de terre).

Certains fruits poussent dans le potager :

la fraise

la framboise

le melon

la tomate

LE VERGER

Les arbres fruitiers

l'arbre	→ *le fruit*	*l'arbre*	→ *le fruit*
le pommier	→ la pomme	le noyer	→ la noix
le poirier	→ la poire	le noisetier	→ la noisette
le cerisier	→ la cerise	l'olivier	→ l'olive
le prunier	→ la prune	le citronnier	→ le citron
le pêcher	→ la pêche	l'oranger	→ l'orange
l'abricotier	→ l'abricot	le pamplemoussier	→ le pamplemousse
l'amandier	→ l'amande	le bananier	→ la banane

Le citron, l'orange et le pamplemousse sont des **agrumes**.

Le raisin pousse sur **la vigne**. **Une grappe** de raisin.
On cueille les fruits. On fait **la cueillette** des fruits.
Une exception : **faire les vendanges** (= faire la récolte du raisin).

EXERCICES

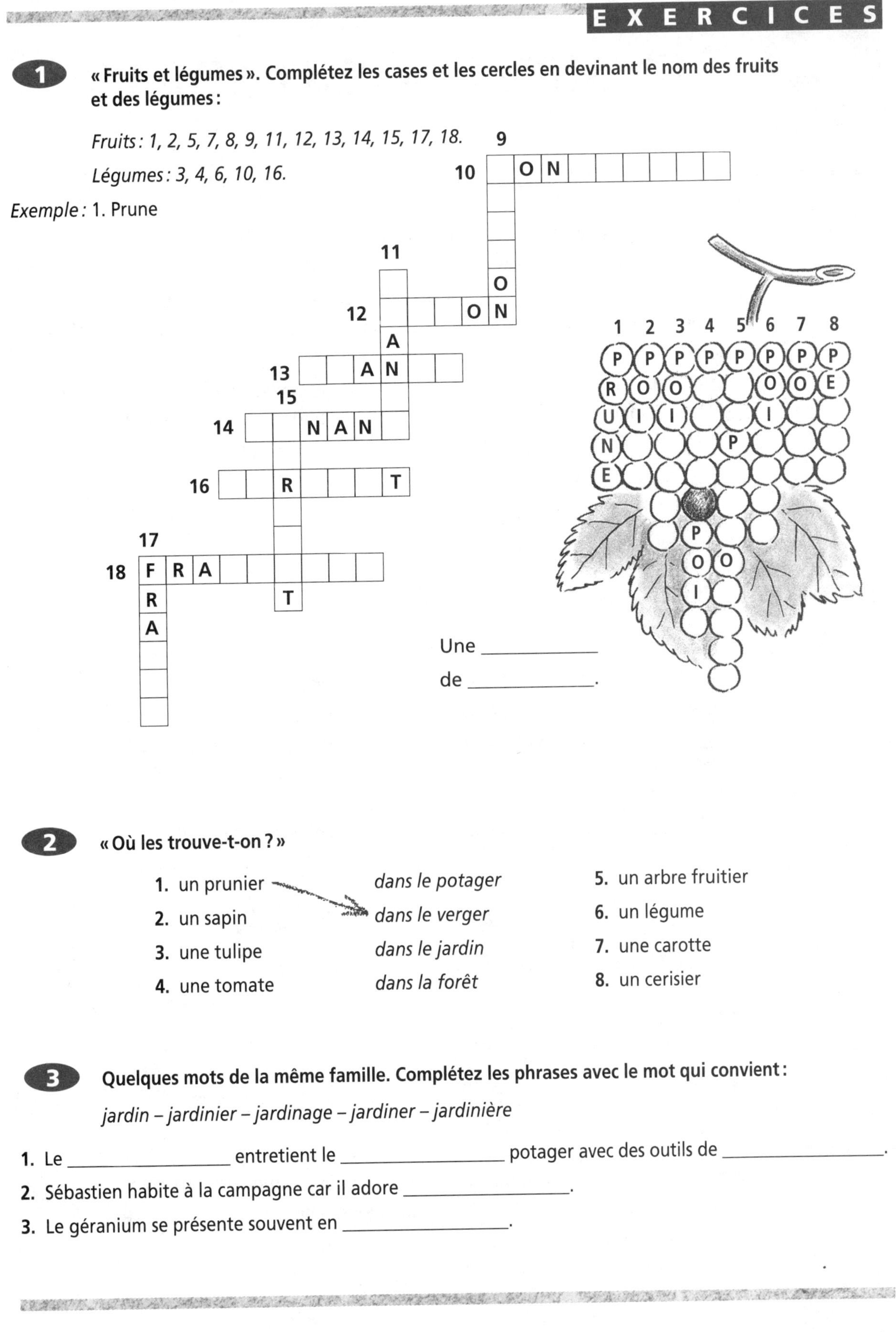

1 **« Fruits et légumes ». Complétez les cases et les cercles en devinant le nom des fruits et des légumes :**

Fruits : 1, 2, 5, 7, 8, 9, 11, 12, 13, 14, 15, 17, 18.

Légumes : 3, 4, 6, 10, 16.

Exemple : 1. Prune

Une ____________
de ____________.

2 **« Où les trouve-t-on ? »**

1. un prunier
2. un sapin
3. une tulipe
4. une tomate

dans le potager
dans le verger
dans le jardin
dans la forêt

5. un arbre fruitier
6. un légume
7. une carotte
8. un cerisier

3 **Quelques mots de la même famille. Complétez les phrases avec le mot qui convient :**

jardin – jardinier – jardinage – jardiner – jardinière

1. Le ____________ entretient le ____________ potager avec des outils de ____________.
2. Sébastien habite à la campagne car il adore ____________.
3. Le géranium se présente souvent en ____________.

UN ANIMAL – DES ANIMAUX

LES ANIMAUX DOMESTIQUES

• Sabrina a **un chat** et **un chien**. Le chien **aboie** quand une personne arrive, mais il n'est pas **méchant** et ne **mord** jamais.
Le chat attrape souvent des souris et leur donne des coups de **patte** pour jouer. Il **miaule** quand les enfants lui tirent **la queue**, et parfois, **il griffe**. Mais quand Sabrina le **caresse**, il **ronronne** car il est heureux.
Tous les jours, Sabrina **s'occupe de** ses animaux : elle les **nourrit** (= elle leur donne à manger), elle **promène** le chien. Malheureusement, elle doit le **tenir en laisse** car il n'aime pas rester près d'elle et se sauve souvent.

Il n'y a pas un chat = il n'y a personne.
Un temps de chien = un très mauvais temps.
S'entendre comme chien et chat = ne pas s'entendre.

LES ANIMAUX DE LA FERME

• Les parents de Sabrina sont **éleveurs** : ils produisent de la viande, du lait, des œufs… Ils font de **l'élevage** = ils **élèvent** des animaux.
Ils ont : des **lapins** (1), des **cochons** (= des porcs) (2), des **moutons** (3), des **agneaux** (4), des **chèvres** (5), des **vaches** (6), des **bœufs** (7), des **veaux** (8), des **volailles** (des **poules** (9), **un coq** (10), des **poulets** (11), des **canards** (12)…)
Les poules **pondent** des **œufs** (13).
Sabrina rêve d'avoir **un cheval** (14) ou même plusieurs **chevaux**.

Les moutons, chèvres, vaches vivent et se déplacent le plus souvent en **troupeaux** (en groupe) : un troupeau de vaches, de moutons, de chèvres.
Le lait de la chèvre sert à faire **du fromage de chèvre**.

Un caractère de cochon = un très mauvais caractère.
Doux comme un agneau = très doux, très gentil.

EXERCICES

1 **Les verbes en italique des quatre phrases suivantes sont intervertis. Remettez-les à leur place.**

1. Quand le chat n'est pas content, il *aboie* ________________ et parfois, si on l'énerve, il *occupe* ________________.
2. Quand un voleur veut entrer dans la maison, le chien *ronronne* ________________ ; quand le voleur entre, le chien le *promène* ________________, surtout si c'est un chien méchant.
3. Le chat de Chloé est très doux, il aime beaucoup qu'on le *griffe* ________________ mais il ne *donne* ________________ jamais, c'est bizarre !
4. Victor *miaule* ________________ le chien et lui *mord* ________________ à manger deux fois par jour : il s'en *caresse* ________________ bien.

Vrai ou faux ?

	VRAI	FAUX
1. Le chat aboie.	☐	☐
2. Le lapin aime les carottes.	☐	☐
3. Le mouton est une volaille.	☐	☐
4. Le cheval a quatre pattes et une queue.	☐	☐
5. Les vaches vivent en troupeau.	☐	☐
6. La souris est un animal domestique.	☐	☐

3 **Cochez la bonne explication.**

1. PRIÈRE DE TENIR LES CHIENS EN LAISSE
   - a. ☐ Attachez votre chien.
   - b. ☐ Ne laissez pas votre chien aboyer.
   - c. ☐ Laissez votre chien à l'entrée.

2. ATTENTION CHIEN MÉCHANT
   - a. ☐ Ne faites pas attention au chien.
   - b. ☐ Si vous entrez, le chien peut vous mordre.
   - c. ☐ N'entrez pas avec un chien méchant.

3. Il n'y avait pas un chat.
   - a. ☐ Il y avait beaucoup de chats.
   - b. ☐ La salle était vide.
   - c. ☐ Il y avait des animaux, mais pas de chats.

4. « Tu manges comme un cochon ! »
   - a. ☐ Tu manges très peu.
   - b. ☐ Tu manges proprement.
   - c. ☐ Tu manges salement.

5. Ils s'entendent comme chien et chat.
   - a. ☐ Ils entendent mal.
   - b. ☐ Ils s'entendent bien.
   - c. ☐ Ils se disputent très souvent.

LES ANIMAUX SAUVAGES À LA CAMPAGNE

On pêche **la grenouille** → on **va à la pêche** à la grenouille.
On mange les **cuisses** de grenouille.
On **ramasse** des **escargots** → on « **va aux escargots** ».
Le chasseur chasse le gibier (le chevreuil, le sanglier, le lièvre, le canard sauvage...) → il va à la chasse.

POISSONS ET COQUILLAGES

- Les coquillages que l'on mange sont des **fruits de mer**.
- **Le saumon** est un poisson à chair rose.

La sardine est un petit poisson que l'on achète frais ou en boîte.
- Quand il est dans l'eau (et non dans l'assiette !), le poisson **nage**.

« Poisson d'avril ! » : on dit cela le premier avril, quand on raconte des blagues.
Être serrés comme des sardines = être très serrés.

Le pêcheur est **allé à la pêche** :
il **a pêché** un gros poisson.

LES INSECTES

Certains insectes (le moustique, l'abeille, la guêpe) **piquent**.
→ une **piqûre** d'insecte
→ **se faire piquer par** un insecte (*Carole s'est fait piquer par une guêpe.*)

EXERCICES

1 Associez.

1. Il est doux comme un agneau.
2. Il a des ruches.
3. Il avance comme un escargot.
4. Il fait un temps de chien.
5. Il a un caractère de cochon.
6. Il élève des vaches.
7. Il chasse.
8. Il est pêcheur.
9. Ils sont serrés comme des sardines.

a. Il y a beaucoup de monde, ils ne peuvent pas s'asseoir.
b. Il tue des animaux sauvages.
c. Il ne fait jamais de mal à personne.
d. Il rapporte du poisson.
e. Il possède un troupeau.
f. Il pleut sans arrêt.
g. Il est désagréable.
h. Il vend du miel.
i. Il avance très lentement.

1. ______ 2. ______ 3. ______ 4. ______ 5. ______ 6. ______ 7. ______ 8. ______ 9. ______

Éliminez l'intrus.

1. coquillage / grenouille / huître / fruit de mer
2. abeille / papillon / miel / ruche
3. moustique / fourmi / mouche / souris
4. miauler / ronronner / aboyer / griffer
5. crabe / crevette / moule / saumon
6. mouton / chèvre / coq / vache
7. chèvre / poulet / canard / poule
8. saumon / poisson / papillon / sardine

Est-ce que ces animaux mordent, piquent ou griffent ?

Les animaux...	qui mordent	qui piquent	qui griffent
la guêpe		X	
le chat			
le chien			
le cheval			
l'abeille			
le moustique			

AU ZOO

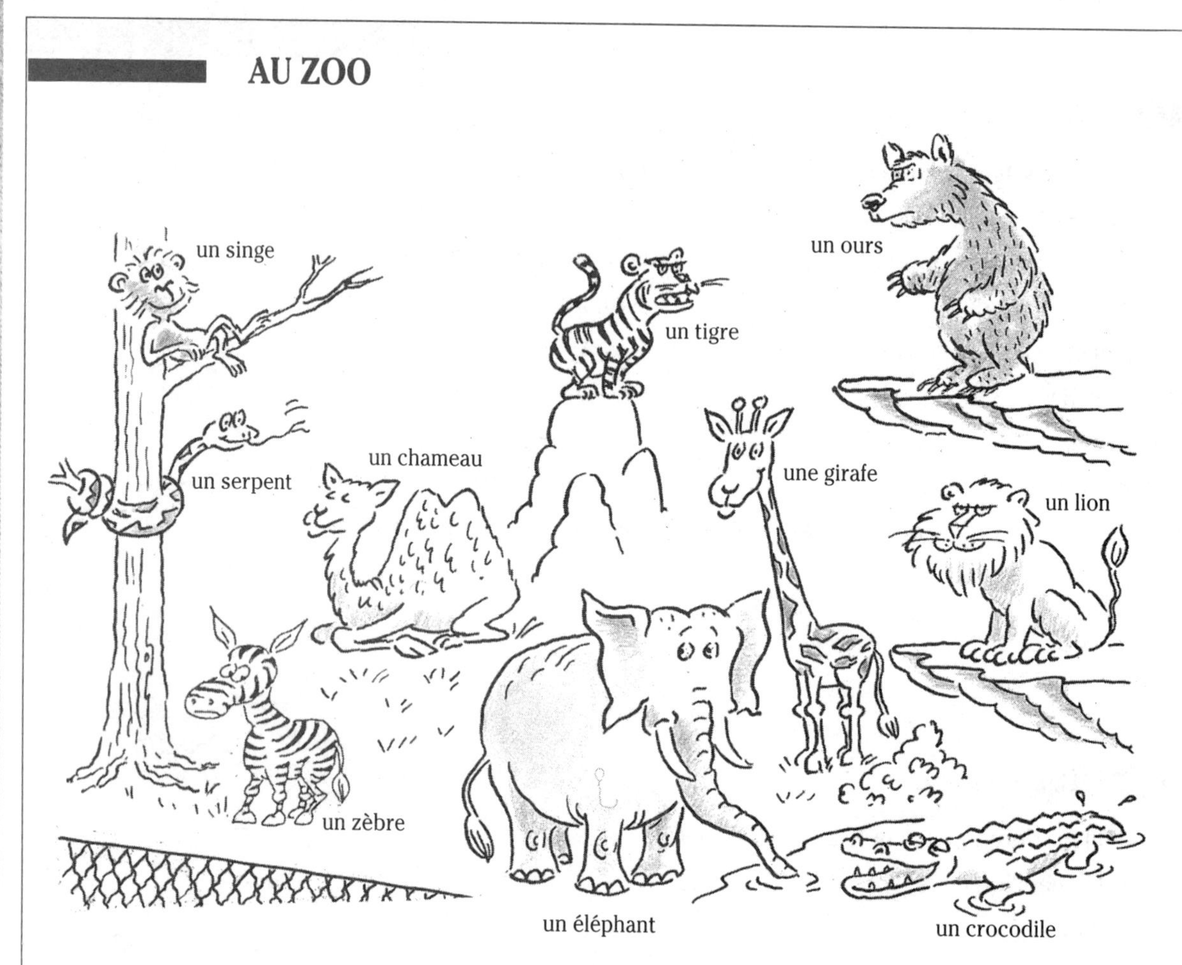

Le lion et le tigre sont des animaux **féroces**.

LES OISEAUX

Être libre comme un oiseau = être complètement libre.

l'oiseau du printemps : **l'hirondelle** → *Une hirondelle ne fait pas le printemps* = on ne peut pas généraliser avec un seul exemple.
l'oiseau des villes : **le pigeon**
l'oiseau de la mer : **la mouette**
l'oiseau noir : **le corbeau** → *Noir comme un corbeau.*
le symbole de la douceur, de la pureté, de la paix : **la colombe**
l'oiseau qui parle : **le perroquet** → *Répéter comme un perroquet* = sans comprendre.
le symbole de la puissance, de la force (de l'armée napoléonienne) : **l'aigle**
l'oiseau chanteur : **le rossignol** → *Chanter comme un rossignol.*

L'oiseau **chante** = **il siffle**.
L'oiseau **vole**, grâce à ses **ailes**.
L'oiseau est recouvert de **plumes**. → *Léger comme une plume* = très léger.

EXERCICES

1 De quel animal s'agit-il ?

1. Il est gris, grand, gras et gros ; il a de grandes oreilles. → Un ______________________.
2. On utilise sa peau pour faire des sacs et des portefeuilles. → Le ______________________.
3. C'est l'animal qui ressemble le plus à l'homme. → Le ______________________.
4. C'est un animal sauvage et féroce, souvent considéré comme le roi des animaux. C'est aussi un signe du zodiaque. → Le ______________________.
5. Il peut traverser le désert sans boire. → Le ______________________.
6. Il a des rayures sur le dos. → Le ______________________.
7. Il a une forme très allongée, il est parfois très dangereux. → Le ______________________.
8. Il est blanc ou brun, il aime le miel. → L'______________________.

2 Complétez les phrases avec les mots suivants :

corbeaux – hirondelles – rossignol – plume – colombe – aile

1. Ce pauvre pigeon ne peut plus voler, il a une ______________________ cassée.
2. Je n'aime pas les ______________________, ils sont tout noirs et tout tristes. Je préfère la blanche ______________________, si douce et si pure.
3. Mon voisin chante toute la journée. Un vrai ______________________ !
4. Cette boîte est grosse, mais légère comme une ______________________.
5. L'été est fini, les ______________________ commencent à partir.

3 Mots croisés.

Horizontalement

1. Le … est un oiseau qui répète les paroles des hommes.
2. La mouette est un …
3. Ils ont beaucoup d'animaux, ils font de l'…
4. Un … de vaches.

Verticalement

a. La mouche est un …
b. La sardine est un …
c. L'huître est un …
d. Le chasseur a rapporté du …

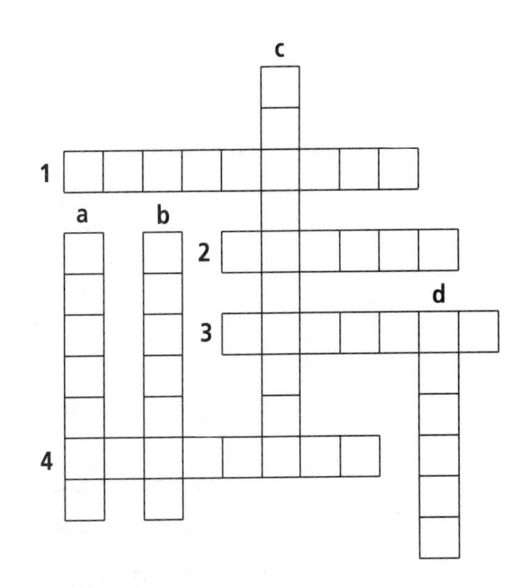

10 LE CORPS HUMAIN

STRUCTURE GÉNÉRALE

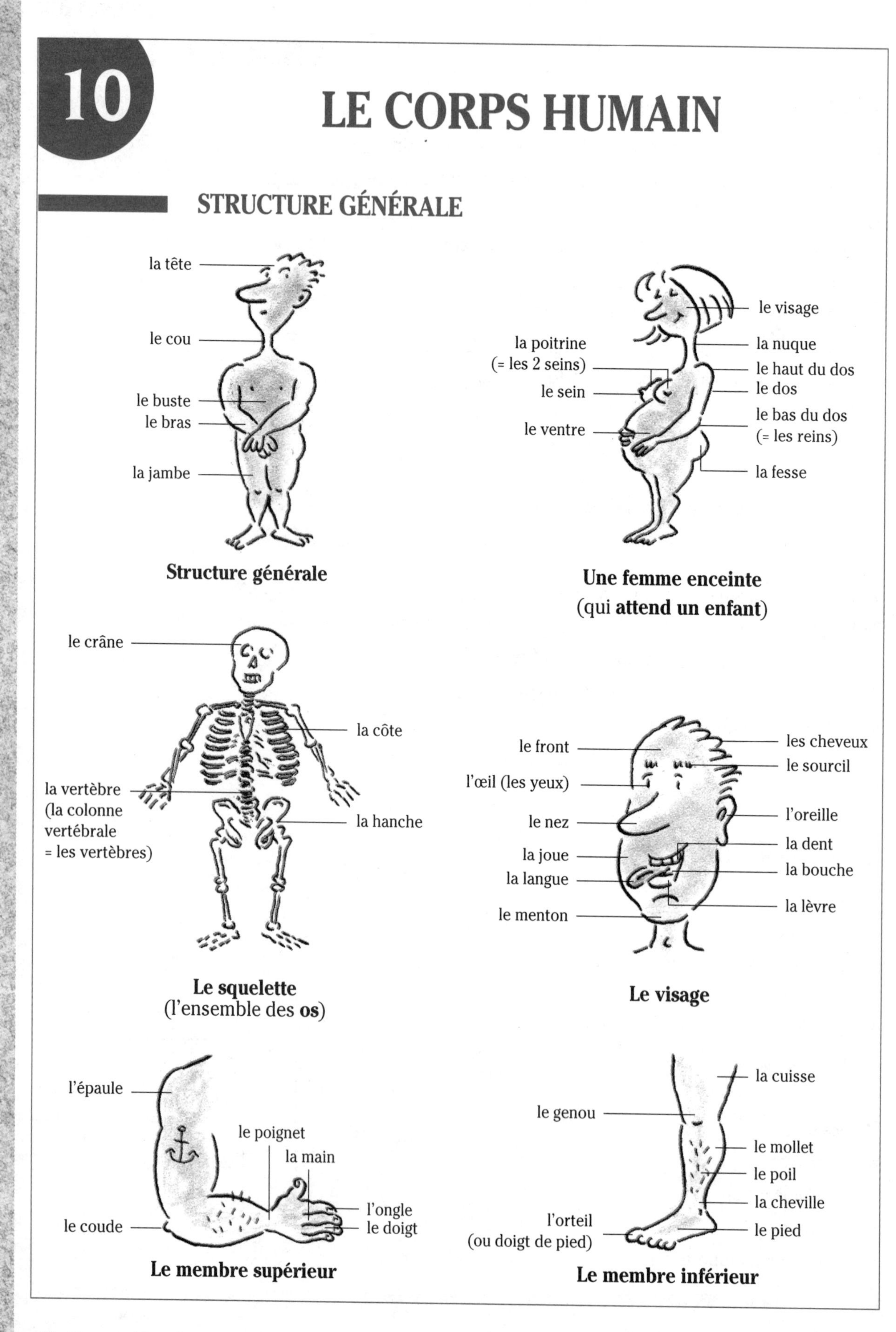

EXERCICES

1 Devinez et complétez.

1. Il lève le ______________.
2. Ils se serrent la ______________.
3. Elle salue de la ______________.
4. Il se pince le ______________.
5. Elle ouvre de grands ______________.
6. Il tire la ______________.
7. Elle hausse les ______________.
8. Il a mal aux ______________.
9. Elle s'est cassé une ______________.
10. Il fronce les ______________.
11. Elle est allongée sur le ________.
12. Il est allongé sur le ________.
13. Ils se promènent ______________ dessus, ______________ dessous.
14. Elle lui donne un coup de ______________ aux ______________.

2 Éliminez l'intrus.

1. front / sourcil / cou / œil
2. côte / orteil / doigt / ongle
3. langue / dent / lèvre / vertèbre
4. cheveu / cheville / poil / sourcil
5. dos / fesses / nez / reins
6. front / menton / sein / joue
7. visage / coude / poignet / genou
8. crâne / tête / visage / colonne vertébrale

QUELQUES PARTIES DU CORPS

• **le cœur bat** (battre) → ***les battements du cœur***
À mon premier rendez-vous avec Aurélien, mon cœur battait très fort…

• **le sang** → ***saigner***
Il s'est coupé le doigt : il saigne,
il perd du sang.

• **les poumons** → ***la respiration, respirer***
Quand vous dormez, est-ce que vous respirez par le nez ou par la bouche ?

• **l'estomac, le foie, les intestins** → ***la digestion, digérer***
Antoine aime beaucoup les fruits de mer, mais il les digère mal.
Laure a les intestins fragiles, elle est au régime.
Agathe a mangé trop de chocolat : elle a mal au cœur ; elle a une « crise de foie ».

Attention : « avoir mal au cœur » ne signifie pas « avoir une douleur au cœur » (l'organe), mais « avoir un malaise digestif ».

• **les reins** : ce sont les organes qui produisent l'urine, c'est aussi toute la partie du bas du dos.
Avoir mal aux reins = avoir mal dans le bas du dos.

• **la peau** → ***la transpiration, transpirer***
Il faisait très chaud, on transpirait beaucoup.

• **les nerfs** → ***(s')énerver***
Avoir les nerfs fragiles = s'énerver facilement = être nerveux (≠ calme).
« Il me tape sur les nerfs ! » = Il m'énerve !

• **le cerveau** → ***la pensée, l'intelligence, penser, réfléchir***
« C'est un cerveau » = c'est une personne très intelligente.

• **les muscles** → ***le mouvement, bouger, se muscler, être musclé***
Alexandre va chaque jour au club de gym
pour se muscler.
Avoir des muscles = être fort.

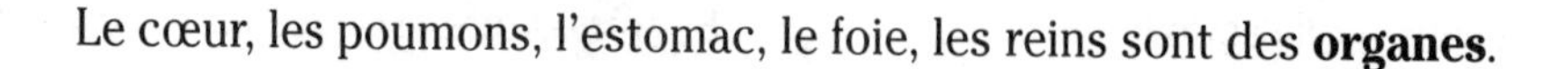

Le cœur, les poumons, l'estomac, le foie, les reins sont des **organes**.

EXERCICES

1 Vrai ou faux ?

	VRAI	FAUX
1. Les reins se situent dans le haut du dos.	☐	☐
2. Le cerveau se situe à l'intérieur du crâne.	☐	☐
3. Les poumons servent à la transpiration.	☐	☐
4. Je lève un bras grâce à des muscles.	☐	☐
5. Le cerveau est un muscle.	☐	☐
6. La peau se situe à l'intérieur du corps.	☐	☐
7. Le sang traverse le cœur.	☐	☐
8. On peut avoir mal au cœur si on a trop mangé.	☐	☐

2 Est-ce qu'on les voit ou est-ce qu'on ne les voit pas ?

la peau → *oui*

1. l'os → ____________
2. les poumons → ____________
3. les lèvres → ____________
4. le front → ____________
5. les intestins → ____________
6. les nerfs → ____________
7. le sang → ____________
8. l'ongle → ____________
9. les vertèbres → ____________
10. la nuque → ____________
11. le poignet → ____________
12. le coude → ____________

3 Combien l'être humain en a-t-il ?

la jambe → *deux*

1. l'orteil → ____________
2. la fesse → ____________
3. le cerveau → ____________
4. le poumon → ____________
5. l'ongle → ____________
6. la colonne vertébrale → ____
7. le cœur → ____________
8. la tête → ____________
9. le doigt → ____________
10. l'oreille → ____________
11. la langue → ____________
12. la joue → ____________

4 Complétez les phrases à l'aide des mots suivants :

foie / sang / muscles / nerfs / peau / poumons / cœur / estomac

1. Françoise a arrêté de fumer car elle a les ____________ fragiles.
2. Il faut de gros ____________ pour porter une armoire.
3. J'ai l'____________ vide : je n'ai rien mangé depuis deux jours.
4. Le chien du voisin n'arrête pas d'aboyer : il me tape sur les ____________.
5. Alain s'est coupé en se rasant. Il a mis du ____________ sur sa belle chemise blanche.
6. Céline adore le chocolat, mais son ____________ ne le supporte pas.
7. J'ai mangé trop d'œufs, j'ai mal au ____________.
8. Quand on a la ____________ fragile, il faut faire attention au soleil.

Quelques expressions à connaître...

- *En avoir plein le dos* = *en avoir par-dessus la tête* = en avoir assez.
- *Avoir quelqu'un dans la peau* = aimer quelqu'un avec passion.
- *Avoir bon cœur* = être généreux.
- *Avoir la tête sur les épaules* = *avoir les pieds sur terre* = être réaliste.
- *Cela se voit comme le nez au milieu de la figure* = *cela saute aux yeux* = c'est évident.
- *Se retrouver nez à nez avec...* = se retrouver par hasard en face de...
- *Ne pas fermer l'œil de la nuit* = ne pas réussir à dormir.
- *Garder son sang-froid* = rester calme dans les moments difficiles.

LES CINQ SENS

La vue

Jeanne **a une bonne vue**, elle a **de bons yeux**, elle **voit bien**.
Sa grand-mère qui est très âgée est devenue **aveugle** (= elle ne voit plus).

regarder / voir

– Est-ce que le chat est dans le jardin ?
– J'**ai** bien **regardé** partout, mais je ne l'**ai** pas **vu**. Pourtant, je **vois clair** !

le **regard** = l'expression des yeux → Il a un beau regard.

L'ouïe

Olivier est musicien. Il **a une très bonne oreille**, il a **l'ouïe fine** (= il entend très bien).
Beethoven, qui était un musicien célèbre, est devenu **sourd** (= il n'entendait plus du tout).

écouter / entendre

– J'**ai** bien **écouté** la chanson, mais je n'**ai** pas du tout **entendu** le piano !

L'odorat

Les chiens **ont l'odorat** très **développé :** ils **sentent** toutes les **odeurs**.
Ça sent bon ≠ ça sent mauvais (= ça pue*).

Le goût

– Est-ce que tu **sens le goût** de la vanille ?
– Attends, je **goûte**. (...) **C'est bon** (= **ça a bon goût**).
– Moi aussi, je veux goûter ! Ah ! non ! **Ce n'est pas bon** (= **ça a mauvais goût**), tu as mis beaucoup trop de vanille !

Le toucher

On **touche**, on **caresse** avec la main.

EXERCICES

1 **À quel sens (vue, odorat, toucher, ouïe, goût) se rapporte chacune des phrases suivantes ?**

1. Hum ! Ça sent bon ici ! ______________________
2. Ce tissu est chaud, mais surtout très doux, n'est-ce pas ? ______________________
3. Dans ce tableau, observez bien les couleurs. ______________________
4. Ce gâteau est délicieux ! ______________________
5. Je trouve que le violon est un peu trop fort. ______________________

2 **Associez.**

1. Au moment de l'accident, il a appelé l'ambulance et il est resté calmement auprès des blessés.
2. Elle a envoyé de l'argent et des vêtements aux victimes du tremblement de terre.
3. Impossible de dormir, il faisait trop chaud.
4. C'est la dixième fois que le téléphone sonne.
5. Il ne peut pas vivre sans elle, il l'aime à la folie.
6. C'est évident qu'elle est amoureuse de lui !
7. Il n'a pas d'argent, mais il va acheter une grosse moto et faire un grand voyage.
8. Elle a rencontré au marché son prof d'histoire qu'elle n'avait pas vu depuis dix ans.

a. Ça saute aux yeux. Ça se voit comme le nez au milieu de la figure.
b. Ils se sont retrouvés nez à nez.
c. Il l'a dans la peau.
d. Il a gardé son sang-froid.
e. Elle en a plein le dos, elle en a par-dessus la tête.
f. Il n'a pas vraiment la tête sur les épaules.
g. Elle a bon cœur.
h. Il n'a pas fermé l'œil de la nuit.

1. ________ 2. ________ 3. ________ 4. ________ 5. ________ 6. ________ 7. ________ 8. ________

Choisissez la bonne expression.

1. Laura en a plein le dos des vacances sportives avec ses parents.
   a. ☐ Elle en a assez du sport et de ses parents.
   b. ☐ Le sport lui fait mal au dos.

2. Alex n'a pas fermé l'œil.
   a. ☐ Alex est aveugle.
   b. ☐ Alex n'a pas dormi.

3. Jeanne s'est coupée avec un couteau.
   a. ☐ Elle perd son sang-froid.
   b. ☐ Elle saigne.

4. Julie a le foie très fragile.
   a. ☐ Elle a souvent mal au cœur.
   b. ☐ Elle n'a pas bon cœur.

QUAND LE CORPS S'EXPRIME...

Quelques manifestations quotidiennes

On **a** parfois **chaud** ou **froid**, **faim** et / ou **soif**, on a plusieurs fois dans la journée **envie** (= **besoin**) **d'aller aux toilettes**.

Remarque : On ne dit pas : J'ai ~~beaucoup~~ faim, soif, chaud, froid, envie d'aller aux toilettes.
On dit : J'ai **très** faim, soif...

La bonne santé

Loïc **va (très) bien** ; il **est en bonne / excellente santé** ; il **est en (pleine) forme**.
Il **a un gros appétit** (= il mange beaucoup).

La douleur

C'est une mauvaise journée pour Julie. Elle **a mal** partout : elle **a mal aux** dents, **au** ventre, **à la** tête, et en plus, elle **a une douleur** terrible dans le bas du dos.

La mauvaise santé / la maladie

Fabien **allait / se sentait (vraiment) (très) mal**, il **était (vraiment) en (très) mauvaise santé**, il **était (vraiment) (très) malade**. Le médecin n'était pas très optimiste. Mais depuis ce matin, il **(ça) va mieux**, il **se sent mieux**.

La fatigue

Laure **est / se sent (très) fatiguée**, elle est **(complètement) épuisée**, **crevée***, **lessivée***, elle **est morte de fatigue**, elle **n'en peut plus**, elle **a (vraiment) besoin de repos**, elle **manque de sommeil**, **d'énergie**, **de vitamines**.

L'apparence du visage

Louise était assez fatiguée, mais elle **a l'air** d'aller beaucoup mieux.
Aujourd'hui, elle **a (très) bonne mine**, elle a même **une mine superbe**, elle a **vraiment meilleure mine** que la semaine dernière, elle **a l'air en pleine forme**. Antoine, au contraire, **a mauvaise mine**, il **a l'air fatigué**. Ce matin, il est **blanc comme un linge**.

EXERCICES

1 **Parmi les expressions suivantes, lesquelles indiquent que ça va plutôt bien (+), lesquelles indiquent que ça va plutôt mal (-) ?**

Vous êtes en très bonne santé → (+)

1. Il est blanc comme un linge. ☐
2. Claire est en pleine forme. ☐
3. Je suis malade. ☐
4. Vous êtes en très bonne santé. ☐
5. Tu es épuisé ! ☐
6. Elle a bon appétit. ☐
7. Lise a l'air fatiguée. ☐
8. J'ai toujours eu de bons yeux. ☐
9. Comme tu as bonne mine ! ☐
10. Elle a vraiment besoin de repos. ☐
11. Léo a une mine superbe en ce moment. ☐
12. Je manque d'énergie. ☐

2 **Entourez les réponses correctes.**

1. Je dors très peu depuis une semaine. Je ... sommeil.

ai besoin de	voudrais du	manque de	suis	ai

2. Loïc n'a pas eu le temps de déjeuner à midi. Il ... .

manque d'énergie	a beaucoup faim	a soif	a très faim	est très faim

3. Gaëlle est tombée dans l'escalier. Elle ... dans le bas du dos.

a très mal	a une douleur terrible	est malade	a beaucoup mal	est mal

4. Tous les matins, tu pars au bureau avec mes clés ! ... !

Tu m'énerves	Tu as les nerfs fragiles	Tu t'énerves	Tu me tapes sur les nerfs	J'en ai plein le dos

5. Emmanuelle a une grosse crise de foie. Elle ... .

a bonne mine	est malade	a très faim	est blanche comme un linge	a mal au cœur

3 **Complétez les phrases suivantes avec le vocabulaire des pages de gauche.**

1. Hier, je n'ai pas fermé ____________ de la nuit. Je suis ____________. Je ____________ de sommeil. J'ai ____________ de repos.
2. Elle ne mange rien. Elle n'a aucun ____________, elle n'a jamais ____________.
3. Il est en pleine ____________, il a une ____________ superbe. Il n'a plus ____________ au dos. Ses problèmes de colonne ____________ sont terminés.
4. On ____________ très chaud, on a sans arrêt ____________.

11 LE PHYSIQUE – L'APPARENCE

LES FORMULES ESSENTIELLES

Comment est-il (elle) ? Il (elle) est comment ?*

- **Être** + adjectif qualificatif

*Il est jeune, beau… → Qu'est-ce qu'*il est beau !*

*Elle est (vraiment / très / assez) belle, grande, mince… → Qu'*elle est belle !*

Remarque : Le français utilise très souvent la forme négative : *il n'est pas mal* est plus positif que *il est assez beau* ; *elle n'est pas très grande* est plus gentil que *elle est petite*.

- **Avoir** + nom précédé de l'article indéfini + adjectif

*Elle a **un** beau sourire*	*Il a **un** grand nez*	*Il a **de** beaux yeux*
*un **assez** beau sourire*	*un **très** grand nez*	***des** yeux magnifiques*

- **Avoir** + nom précédé de l'article défini et suivi d'un adjectif

*Il a **les** yeux verts et **les** cheveux châtains. / Il a **le** teint pâle. / Elle a **la** taille fine.*
*Elle a **la** peau claire et **les** cheveux roux. /Elle a **les** joues rouges.*

Combien est-ce qu'il mesure ?

Il est…	tout petit	petit	de taille moyenne	grand	très grand	immense
Il mesure…	1 m 55	1 m 65	1 m 75	1 m 80	1 m 90	1 m 95

Combien est-ce qu'elle pèse ?

Chloé **s'est pesée** sur **sa balance** : elle **pèse** 65 kilos, elle **a pris 5 kilos** en deux mois ! Quelle horreur ! Elle doit **perdre du poids**, si elle veut **garder la ligne**… « Demain, c'est décidé, je commence **un régime** » (**amaigrissant**). Et bien sûr, elle va faire de la gymnastique pour rester **souple**, car elle se sent un peu **raide** en ce moment.

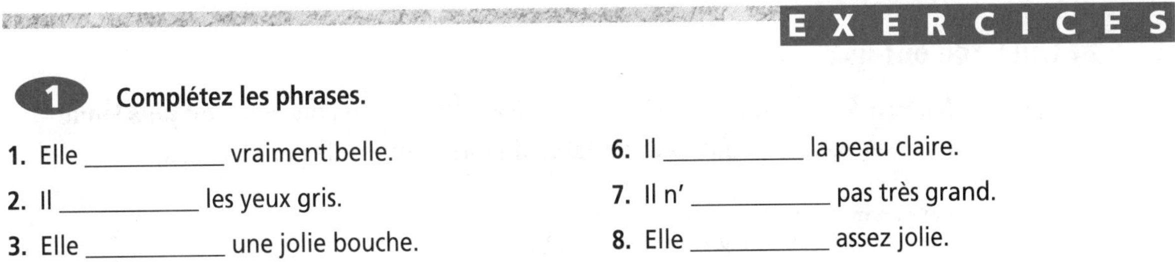

1 Complétez les phrases.

1. Elle __________ vraiment belle.
2. Il __________ les yeux gris.
3. Elle __________ une jolie bouche.
4. Elle __________ de belles mains.
5. Qu'est-ce qu'il __________ grand !
6. Il __________ la peau claire.
7. Il n' __________ pas très grand.
8. Elle __________ assez jolie.
9. Ils __________ les cheveux gris.
10. Qu'elle __________ mince !

2 Entourez la bonne réponse.

1. Il mesure 1 m 90, il est | très grand | assez grand |.
2. Il pèse 150 kg, il est | grand | gros |.
3. Il mesure 1 m 60, il est | petit | mince |.
4. Elle pèse 55 kg pour 1 m 70, elle est | petite | mince |.
5. Elle pèse 45 kg pour 1 m 70, elle est | mince | maigre |.

3 Associez les dessins et les phrases.

a.

b.

c.

d.

e.

f.

1. Elle fait un régime. → ________
2. Elle a grossi de 4 kilos. → ________
4. Il se pèse sur la balance. → ________
5. Il est vraiment raide. → ________

Quel âge ont-ils ?

Marie **a 35 ans**, mais elle **fait / paraît** 45 ans ! Annie, au contraire, **fait plus jeune que** son âge. Elle a **une cinquantaine d'années**, mais elle paraît 45 ans.

Pour donner une idée de l'âge :
une petite fille, un petit garçon : entre 2 et 10/11ans
une jeune fille, un jeune homme, des jeunes : entre 17 et 25 ans
une jeune femme : entre 30 et ... ans ! (il n'y a pas d'équivalent au masculin... linguistiquement !)
une vieille dame, un vieux monsieur : à partir de ... ans ! = une dame âgée, un monsieur âgé

LA BEAUTÉ ET LA LAIDEUR / L'ALLURE GÉNÉRALE

- -	+ -	+	+	+ +
il est **laid** = il est **moche*** elle est **laide** = elle est **moche** « comme un pou »	il n'est **pas mal** elle n'est **pas mal** (pour une personne jeune uniquement)	il est **mignon** elle est **mignonne**	**elle est jolie** « comme un cœur » **elle est ravissante** (pour un être féminin seulement)	**il est beau** « comme un dieu » elle est **belle,** **superbe,** **magnifique**

• Une femme **séduisante** attire les hommes, et vice versa. Un homme qui **a du charme** plaît aux femmes, et vice versa...

• La forme du visage varie :

rond

allongé

carré

• Le bébé a la peau toute **lisse**, tandis que le vieux monsieur a beaucoup de **rides**, son visage est tout **ridé**.

• Thomas a **le teint pâle** (= clair) tandis que Julie a **le teint mat** (= foncé). Yoshiko a **le type asiatique** et **les yeux bridés**. Ali a **le type méditerranéen** et **le teint basané**. Joe est **noir**. Pawel a **le type slave** et Bjorn a **le type nordique**.

EXERCICES

1 **Entourez la bonne réponse.**

1. Ta mère [est | a | fait] plus jeune que son âge.
2. Elle a 6 ans. C'est une [petite fille | jeune femme | jeune fille].
3. Mon père a [une soixantaine | soixante | environ soixante] d'années.
4. Il a 18 ans. C'est un [monsieur | jeune homme | petit garçon].
5. Elle a 80 ans. C'est une [âgée | ancienne | vieille] dame.

2 **Complétez ce dialogue entre deux adolescentes avec les mots suivants :**
vingtaine – mal – fait – jolie – yeux – grosse – comment – beaux – a – grand – moche – verts – mesure – charme – un dieu – magnifiques

• Il est ___________, Gaétan ?
– Ah, Gaétan, il est beau comme ___________ !
• Je sais, il n'est pas ___________, mais il ___________ quel âge ?
– Une ___________ d'années, je crois, mais il ___________ plus vieux que son âge.
• Il est ___________ ?
– Oui, assez, mais je ne sais pas combien il ___________. En tout cas, il est plus grand que moi.
• Il a les ___________ de quelle couleur ?
– Gaétan, il a des yeux ___________ ! Je ne peux pas résister à ses ___________ yeux ___________ !
• Il a une copine ?
– Oui, mais elle est vraiment ___________ ! En plus, elle est trop ___________ ! Je ne vois absolument pas ce qu'il lui trouve…
• Elle a peut-être du ___________ ?
– Tu parles ! En tout cas, je me trouve plus ___________ qu'elle ! Et cet idiot ne me regarde même pas !

3 **Complétez ces publicités pour des produits de beauté avec les mots suivants :**
rides – teint – lisse – mate

1. Vous avez le ___________ pâle ? Choisissez notre poudre légère et fine !
2. Vous désirez avoir une peau toute ___________ ? Voici notre crème contre les ___________.
3. Ce maquillage convient parfaitement à une peau ___________.

• Les yeux peuvent être grands ou petits, en amande, **gris, bleus, noirs, marron, verts,** ou encore **bleu-gris, gris-vert...**

• Adèle est **élégante** (elle est bien habillée), **coquette** (elle porte de jolis vêtements, du maquillage, des bijoux) et **soignée** (**propre** et **bien coiffée**), alors que son mari est **mal habillé, négligé et mal coiffé.**

Les cheveux

• À propos de la couleur des cheveux, notez bien ces structures courantes : Olivier est **un grand blond** (= il est grand et blond). / **C'est un beau brun** (= il est beau et brun). / C'est **une belle rousse** (= elle est belle et rousse). / **C'est une petite blonde** (= elle est petite et blonde). / C'est **une fausse blonde** (ce n'est pas sa couleur naturelle).

• Bien sûr, avec l'âge, les cheveux **noirs, châtain clair, châtain foncé** deviennent **gris** (on dit alors : « *Luc est **poivre et sel*** »), puis **blancs**.

Éléonore a les cheveux **longs** et **ondulés**.

Fanny a les cheveux **mi-longs**, **raides**, et elle **porte une frange**.

Hélène a les cheveux **courts** et **frisés**.

Virginie porte les cheveux **attachés** par une **barrette**

en tresse

ou en **queue de cheval.**

Paul est déjà **dégarni**.

Michel est **chauve**.

LES SIGNES PARTICULIERS

avoir / porter des lunettes

avoir des taches de rousseur

avoir un grain de beauté

avoir / porter la moustache → être moustachu

avoir / porter la barbe → être barbu

EXERCICES

1 **Complétez le tableau à l'aide des mots suivants (plusieurs réponses sont parfois possibles) :**

~~gris~~ – roux – carré – beau(x) – brun(s) – moche(s) – long(s) – frisé(s) – barbu – bleu(s) – blanc(s) – pâle – ridé – raide(s) – ondulé(s) – allongé(s)

CHEVEUX	VISAGE	YEUX
gris, ... ______	______	*gris, ...* ______
______	______	______
______	______	______

Entourez la bonne réponse.

1. Cet homme est | joli | beau |.
2. Elle a les cheveux | roux | rouges |.
3. C'est un petit | brun | marron |.
4. Il est | court | petit |.
5. Il a les cheveux | courts | petits |.
6. Il est | ravissant | mignon |.

À vous maintenant !
Pouvez-vous faire une description de…

- Vous-même : ______________________________
____
____
____

- Votre meilleur(e) ami(e) : ______________________________
____
____
____

- Une personne que vous n'aimez pas du tout : ______________________________
____
____
____

12 LES VÊTEMENTS – LA MODE

LE RAYON VÊTEMENTS

(1) le pantalon
(2) la jupe droite
(3) la jupe plissée
(4) la robe sans manches
(5) la robe à manches longues
(6) le chemisier
(7) le tailleur
(8) l'ensemble
(9) le pull-over en V
(10) le pull ras du cou
(11) le pull à col roulé
(12) le T-shirt
(13) le jean
(14) le costume
(15) le polo à manches courtes
(16) la veste
(17) la chemise
(18) le gilet
(19) l'imperméable
(20) le manteau
(21) l'anorak
(22) le blouson
(23) le survêtement
(24) le maillot de bain
(25) la chemise de nuit
(26) le pyjama
(27) le peignoir
(28) le short
(29) le bermuda
(30) le caleçon
(31) la salopette

EXERCICES

1 Mots croisés.

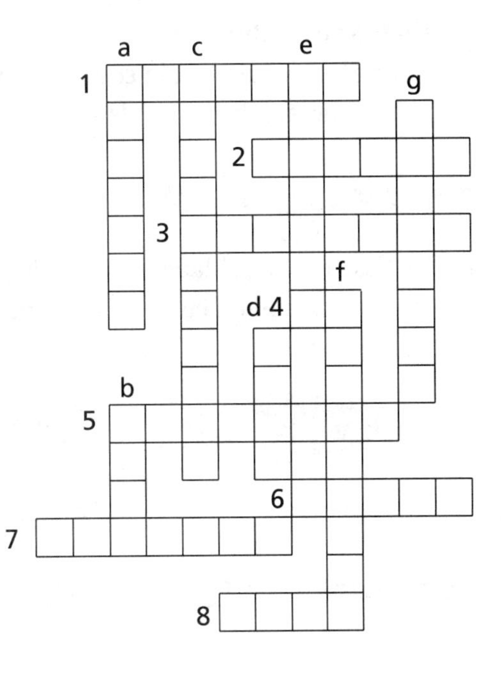

Horizontalement

1. Se trouve au rayon homme ; composé d'un pantalon et d'une veste dans le même tissu.
2. Vêtement d'hiver pour l'extérieur, pour faire du ski par exemple.
3. Il est composé de plusieurs vêtements dans le même tissu ou de couleurs assorties.
4. Le vrai jean est « made in - - » (deux lettres).
5. Vêtement pour homme ou femme, d'été ou d'hiver, qui couvre les jambes.
6. Dans le costume, la partie qui n'est pas le pantalon.
7. Vêtement que les femmes ont adopté dans les années 80-90, qui habille les jambes, qui est généralement élastique.
8. Pour femme exclusivement (sauf en Écosse) ; il y en a des droites, des plissées...

Verticalement

a. Se trouve au rayon homme ; elle a des manches et un col ; elle est ouverte devant ; elle se porte souvent sous une veste.
b. Vêtement d'homme ou de femme que l'on porte l'hiver ; il peut avoir un col roulé, en V, ou être ras du cou.
c. Vêtement de sport, quand il fait trop froid pour mettre un short ; composé de deux parties.
d. Pantalon de toile pour homme ou femme, inventé aux États-Unis, qui a fait le tour du monde.
e. Vêtement d'hiver, d'homme ou de femme, pour l'extérieur ; on le voit surtout à la ville.
f. Vêtement du bricoleur, mais aussi d'enfant ; c'est un pantalon qui monte plus haut.
g. Se trouve au rayon femme ; jupe et veste dans le même tissu.

Vrai ou faux ?

	VRAI	FAUX
1. Une chemise a des manches.	☐	☐
2. Un pantalon a un col.	☐	☐
3. On met un imperméable quand il pleut.	☐	☐
4. On met un bermuda quand il neige.	☐	☐
5. On porte un maillot de bain à la piscine.	☐	☐
6. On porte un survêtement pour aller au bureau.	☐	☐
7. Un manteau se porte à l'intérieur.	☐	☐
8. Un tailleur est composé d'une jupe et d'une veste.	☐	☐
9. On porte un pyjama pour dormir.	☐	☐
10. Les femmes ne portent jamais de peignoir.	☐	☐

LES MATIÈRES

Un tissu est **naturel** ou **synthétique**.
- Matières naturelles : **le coton**, **la laine**, **la soie**, **le lin**, **le cuir**, **la fourrure**.
- Matières synthétiques : **le nylon**, **l'acrylique**, **la viscose**.

LES MOTIFS

Un tissu est **noir**, **blanc** ou de **couleur**.
Un tissu est **uni** ou **imprimé (à motifs)**.
Les imprimés :

à fleurs

écossais

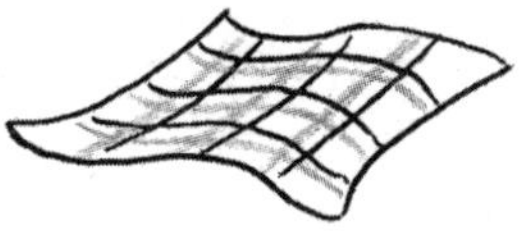

à carreaux

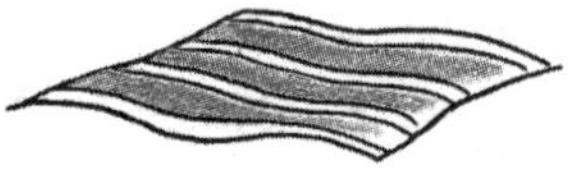

à rayures

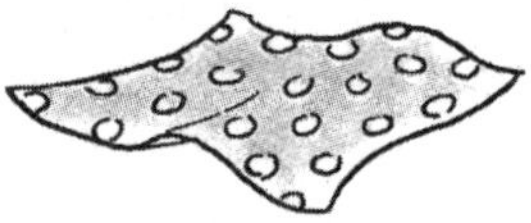

à pois

LES SOUS-VÊTEMENTS

le caleçon

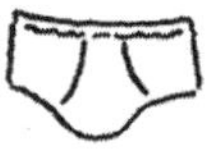

le slip

le maillot de corps

la combinaison

la culotte

le soutien-gorge

le collant

le bas

la chaussette

la socquette

LES CHAUSSURES

Une paire de chaussures = 2 chaussures.

les baskets

le talon

les escarpins (= chaussures à talon)

la semelle

les mocassins (= chaussures plates)

les pantoufles

les bottes

les sandales

- Les chaussures peuvent être **en cuir**, **en toile**, **en synthétique**…

EXERCICES

1 Attribuez à chaque personnage des vêtements et des chaussures, que vous choisirez parmi les suivants :

1. Costume gris – chemise à carreaux. **2.** Tailleur – chemisier à fleurs. **3.** Maillot de bain – bermuda – T-shirt à pois. **4.** Pantalon de cuir – blouson de cuir. **5.** Jean – pull. **6.** Survêtement rayé. **7.** Robe longue – manteau de fourrure. **8.** Jupe écossaise – pull-over en laine – collant – blouson.

a. Chaussures plates. **b.** Pantoufles. **c.** Sandales de toile. **d.** Escarpins. **e.** Mocassins. **f.** Bottes de cuir. **g.** Baskets. **h.** Escarpins à hauts talons.

	Vêtements	Chaussures
• Roland va au terrain de sport :	______________	______________
• Charlotte sort à moto :	______________	______________
• Fabienne va à l'école :	______________	______________
• Henri va au bureau :	______________	______________
• Francis reste à la maison :	______________	______________
• Éric va à la plage :	______________	______________
• Anne va à une soirée au Ritz :	______________	______________
• Hélène va au bureau :	______________	______________

2 Complétez les phrases avec les expressions ou mots suivants :

maillot de corps – uni – caleçon – culotte – laine – cuir – coton imprimé – bas – chaussettes – semelles – toile

1. J'ai acheté un gros pull-over et une paire de ______________ en ______________ pour l'hiver. C'est plus chaud que l'acrylique.
2. Le ______________ est un sous-vêtement d'homme et un vêtement de femme.
3. Ces mocassins sont en ______________, mais leurs ______________ sont en synthétique.
4. La vendeuse m'a proposé un ensemble ______________ /soutien-gorge en ______________, mais je préfère la dentelle.
5. Christophe met toujours un ______________ sous sa chemise.
6. Ève a acheté des chaussures plates en ______________ pour mettre cet été avec un jean.
7. Autrefois, les femmes portaient des ______________ car les collants n'existaient pas.
8. Vous préférez un tissu ______________ ou imprimé ?

QUELQUES ACCESSOIRES

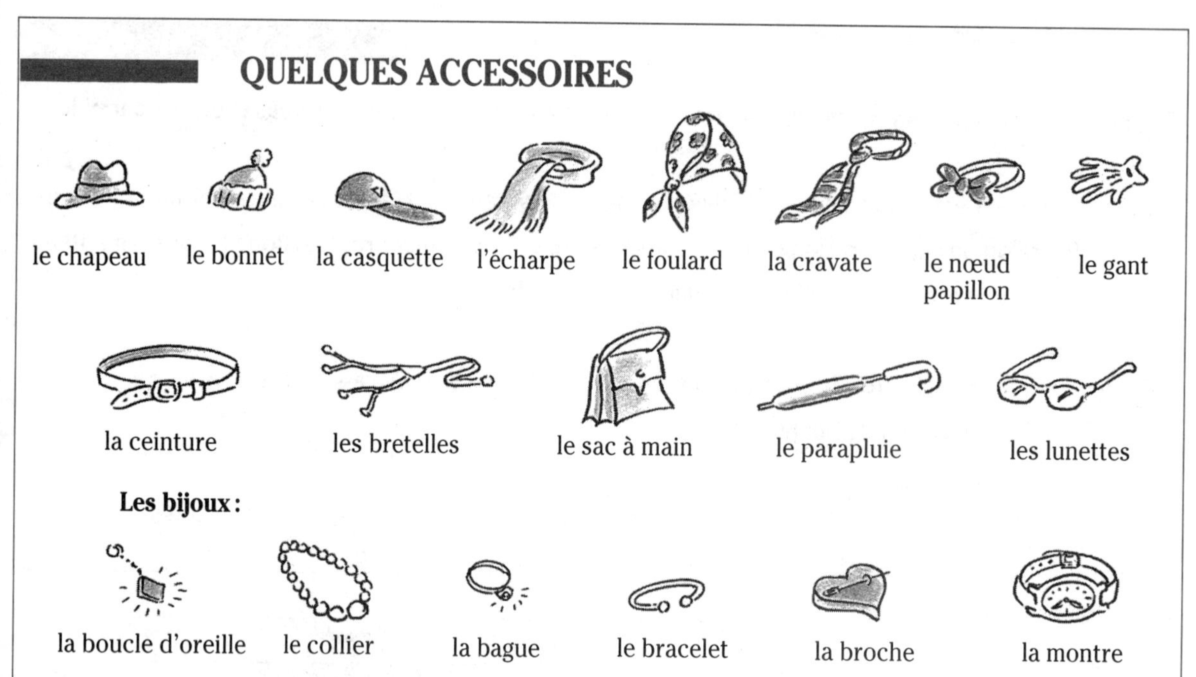

QUELQUES EXPRESSIONS

• **s'habiller ≠ se déshabiller** : deux verbes pronominaux qui expriment une action, qui ne sont pas suivis d'un complément d'objet.

• **mettre, enfiler ≠ enlever, retirer** : quatre verbes non pronominaux qui expriment une action, qui sont suivis d'un complément d'objet (on dit : **mettre** un pantalon ou : **se mettre en** pantalon).

→ *Elle s'habille* = elle met, elle enfile ses vêtements.
→ *Il se déshabille* = il enlève, il retire ses vêtements.

Remarque : Les verbes **habiller** et **déshabiller** existent également sous forme non pronominale : *habiller un enfant, déshabiller une poupée.*

• Le verbe **changer** peut s'employer sous deux formes (le sens est le même) :
pronominale : **se** changer
non pronominale : changer **de** vêtements = enlever ses vêtements et en enfiler d'autres.
(se changer ≠ **rester en** → *Je ne me change pas, je reste en caleçon.*)

• **porter, être en, avoir, être habillé** : quatre expressions suivies d'un complément, qui servent à la description.

→ *Comment est-il habillé ?* → *Il porte un pull / Il est en pull / Il a un pull.*

Remarque : mettre et **s'habiller** peuvent servir à la description :
• *Comment tu t'habilles demain ?* (= Qu'est-ce que tu as l'intention de porter ?)
• *Je pense mettre ma robe à fleurs.* (= J'ai l'intention de porter ma robe à fleurs.)
Dans ces deux phrases, c'est le vêtement qui est important, non l'action de l'enfiler.
À connaître : *Je n'ai plus rien à me mettre sur le dos* : j'ai besoin de vêtements.
Se mettre sur son 31 : s'habiller avec une élégance particulière pour une occasion spéciale.

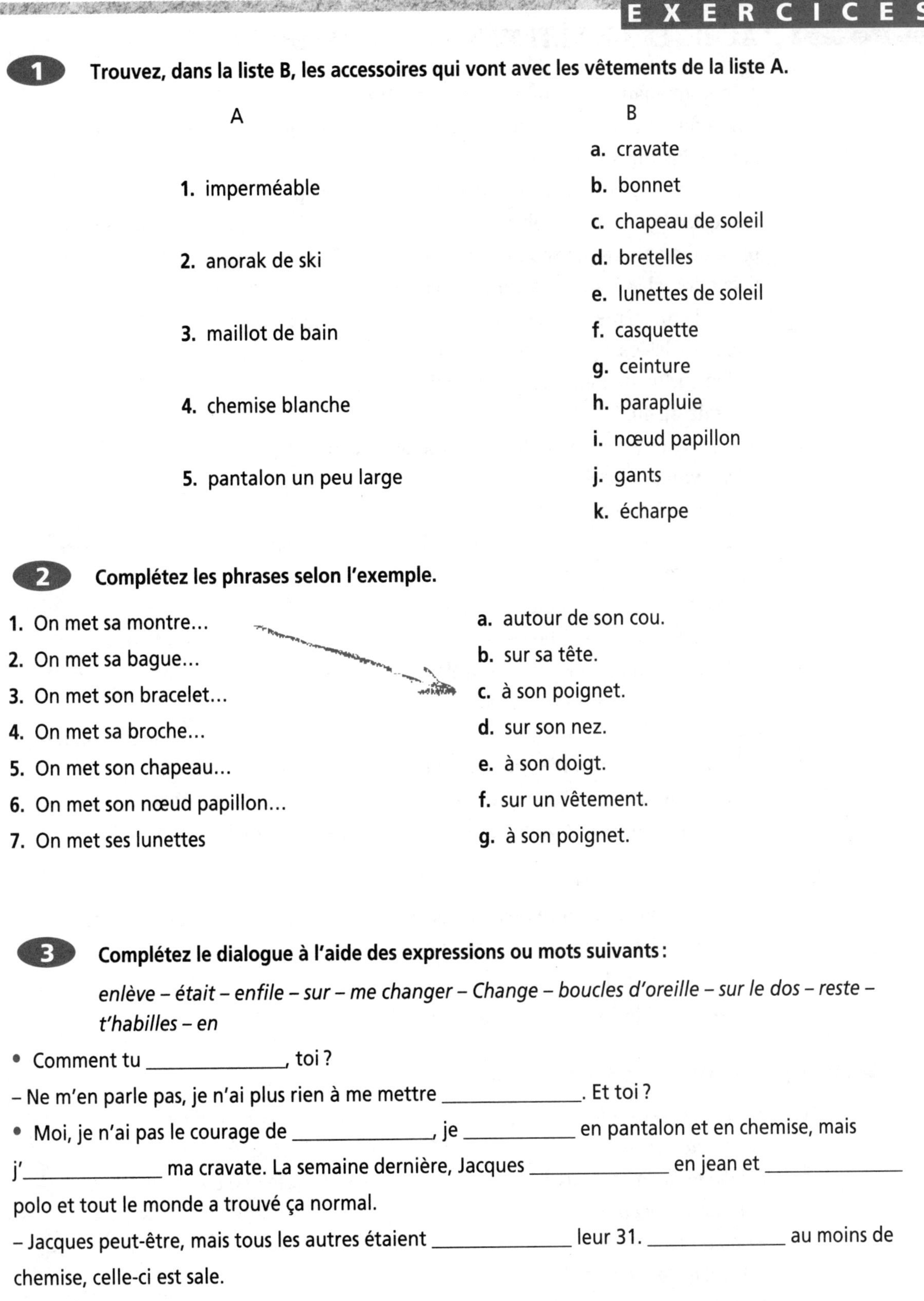

EXERCICES

1 **Trouvez, dans la liste B, les accessoires qui vont avec les vêtements de la liste A.**

A	B
	a. cravate
1. imperméable	**b.** bonnet
	c. chapeau de soleil
2. anorak de ski	**d.** bretelles
	e. lunettes de soleil
3. maillot de bain	**f.** casquette
	g. ceinture
4. chemise blanche	**h.** parapluie
	i. nœud papillon
5. pantalon un peu large	**j.** gants
	k. écharpe

2 **Complétez les phrases selon l'exemple.**

1. On met sa montre…	**a.** autour de son cou.
2. On met sa bague…	**b.** sur sa tête.
3. On met son bracelet…	**c.** à son poignet.
4. On met sa broche…	**d.** sur son nez.
5. On met son chapeau…	**e.** à son doigt.
6. On met son nœud papillon…	**f.** sur un vêtement.
7. On met ses lunettes	**g.** à son poignet.

3 **Complétez le dialogue à l'aide des expressions ou mots suivants :**

enlève – était – enfile – sur – me changer – Change – boucles d'oreille – sur le dos – reste – t'habilles – en

• Comment tu ____________, toi ?

– Ne m'en parle pas, je n'ai plus rien à me mettre ____________. Et toi ?

• Moi, je n'ai pas le courage de ____________, je ____________ en pantalon et en chemise, mais j'____________ ma cravate. La semaine dernière, Jacques ____________ en jean et ____________ polo et tout le monde a trouvé ça normal.

– Jacques peut-être, mais tous les autres étaient ____________ leur 31. ____________ au moins de chemise, celle-ci est sale.

• Et toi, tu es prête ?

– Oui, j' ____________ une robe. Où sont mes ____________ bleues ?

ACHETER UN VÊTEMENT, DES CHAUSSURES

• Bonjour, madame, je **peux vous renseigner** ?
– Bonjour madame, je **cherche** une jupe assez **longue** et **légère**, pour l'été, et si possible qui **se lave en machine**.
– Je peux vous proposer trois **modèles**. Celle-ci est plutôt **ample**, très **confortable**, celle-ci est plus gaie comme couleur, elle est plus **près du corps**, presque **moulante**, **ça se fait beaucoup** en ce moment, c'est très **à la mode**, celle-là **fait** plus **classique**, plus **habillée** à cause des plis. Les deux premières sont en coton, la troisième est en synthétique, mais les trois se lavent en machine.
– Je peux les **essayer** toutes les trois ?
– Bien sûr madame, **quelle taille faites-vous** ?
– Je **fais du** 40.
– Voilà, vous avez **une cabine d'essayage** derrière vous.
(Deux minutes après.)
– **Comment ça va**, la taille ?
– La taille, ça va, mais je n'aime pas **la forme**, je trouve qu'elle **ne me va pas du tout**. Je vais essayer celle-ci.
– Je vous en prie. (...) **Ça va, la taille** ?
– Non, elle est **un peu large**, je trouve. Je pense que **ce n'est pas la bonne taille**. Est-ce que vous avez **la taille en dessous** ?
– Oui, tenez. (...) **Ça va mieux** ?
– Oui, je pense que c'est parfait pour la taille. Vous trouvez qu'elle **me va bien** ?
– La couleur vous va très bien, et la coupe aussi. Elle vous **amincit**.
– Elle **fait moins classique** que la plissée, mais je la trouve très **élégante**. Je vais la **prendre**. Est-ce que vous auriez un T-shirt **assorti** (= de la même couleur) ?

• Monsieur, **vous désirez** ?
– Bonjour, j'**aurais voulu** des mocassins marron, **pour aller avec** ce costume.
– Oui, monsieur, je vais voir, **quelle est votre pointure** ?
– Je **chausse du** 43.
– **Dans votre pointure**, j'aurai ces deux modèles.

Quelques expressions synonymes

• Quelle est votre taille ?
Vous faites quelle taille ?
Quelle taille faites-vous ?
Vous faites du combien ?
• Ça va la taille ?
Comment ça va la taille ?
C'est la bonne taille ?

• Quelle est votre pointure ?
Quelle pointure faites-vous ?
Vous chaussez du combien ?

Remarque : « Un peu grand », « un peu serré »... signifient « un peu **trop** grand », « un peu **trop** serré ».

EXERCICES

1 **Mettez dans l'ordre les phrases suivantes, en les numérotant de 1 à 6.**

a. Elle demande la taille en dessous. ☐
b. La vendeuse propose un ou plusieurs modèles. ☐
c. Le vêtement lui va et lui plaît : elle le prend. ☐
d. La cliente essaye le vêtement. Le vêtement est un peu grand. ☐
e. La cliente cherche un vêtement. ☐
f. Elle essaie la taille en dessous. ☐

2 **Dans chaque réplique, trouvez le mot qui ne convient pas et remplacez-le par un mot qui convient.**

1. – Bonjour, madame, je voudrais un pantalon ~~léger~~ pour l'hiver, plutôt classique. *chaud*
   – Oui, monsieur, quelle pointure faites-vous ? ______
   – Je prends du 44. ______
   – Je peux vous proposer ces deux tailleurs. ______
   – J'aime bien la couleur de celui-ci, mais pas trop la formule. ______
   – Habillez-le, vous verrez, la cabine est à votre droite. (...) ______
   – Est-ce qu'il ne va pas trop classique ? ______

2. – Madame, vous demandez ? ______
   – Bonjour, je cherche des sandales de toile pour faire avec un jean ou une jupe d'été. ______
   – J'ai ce modèle qui se prend beaucoup cette année. ______
   – Oui, et est-ce que vous avez d'autres modes ? ______
   – Vous chaussez quelle pointure ? ______

3. – Je demande une veste de demi-saison. ______
   – D'accord. Vous la préférez près du corps ou légèrement moulante ? ______
   – Plutôt ample, ça fait plus contracté. ______

3 **Éliminez l'intrus.**

1. il enlève / il enfile / il retire / il déshabille
2. moulant / chaud / près du corps / serré
3. Je peux essayer ? / Vous désirez ? / Je peux vous renseigner ? / Vous cherchez quelque chose ?
4. Elle vous amincit. / Elle vous va bien. / Elle est très élégante. / Elle ne vous va pas.
5. Elle avait une robe. / Elle était en robe. / Elle portait une robe. / Elle enfilait une robe.
6. la pointure / la semelle / la taille / la chaussure
7. se mettre sur son 31 / être élégant / être décontracté / porter une robe habillée

13 LA MAISON – LE LOGEMENT

L'IMMEUBLE (OU LE BÂTIMENT)

• À côté de **la porte d'entrée** de l'immeuble, **un interphone** permet d'appeler la personne que l'on vient voir. Dans l'entrée, il y a les **boîtes aux lettres** et souvent **la loge du gardien** (ou du **concierge**). Si **l'ascenseur est en panne** (= il ne marche pas), on peut toujours prendre **l'escalier** pour aller **du rez-de-chaussée** aux **étages**. S'il est **raide**, il sera dur à monter (car les **marches** sont hautes et étroites).

• Anaïs habite au troisième étage, et elle a deux **voisins** de **palier** (= qui habitent au même étage qu'elle). Elle **ferme sa porte à clé** quand elle part, mais une fois elle a oublié **la clé** dans **la serrure**...

LA MAISON DE MON ONCLE...

• Je gare ma voiture le long de **la clôture**, devant **le** grand **portail**. Je **sonne**, et mon oncle vient m'ouvrir. Nous allons vers la maison par **une** grande **allée**.

• Dans l'**entrée**, j'**accroche** mon manteau **au portemanteau**, puis j'entre dans **la salle de séjour**. Mon oncle a allumé un feu dans **la cheminée** pour **chauffer la pièce** qui a **un plafond** très haut. **La table** est déjà mise dans **la salle à manger** et je vais embrasser ma tante qui prépare le dîner dans **la cuisine**.

• Mon oncle me conduit à **ma chambre**, qui est au deuxième étage, **sous les toits** (en fait, il **a aménagé**, dans **l'**ancien **grenier**, **une chambre d'amis** et **un bureau**).

• Au premier étage, mon oncle est en train de **faire des travaux** dans la chambre de ma cousine : il a enlevé **le** vieux **papier peint** à fleurs, et il va **repeindre les murs en blanc**, tout simplement. Mon oncle est très **bricoleur**, il adore **réparer** ce qui ne marche pas, **peindre**, etc. Il va aussi transformer en **débarras** une petite pièce qui se trouve au fond **du couloir**, pour pouvoir **ranger** toutes les **vieilles affaires**, les **valises**, les **cartons**, etc.

EXERCICES

1 **Complétez le tableau à l'aide des mots suivants :**

~~un grenier~~ – *un portail – un toit – un débarras – une clôture – une chambre – un plafond – une entrée – une allée – une cuisine – un couloir – un jardin*

Extérieur de la maison	Intérieur de la maison
________________	*un grenier*
________________	________________
________________	________________
________________	________________
________________	________________

2 **Le mystérieux Alfred. Complétez le texte avec les expressions ou mots suivants :**

rez-de-chaussée – l'immeuble – l'escalier – l'entrée – ~~porte d'entrée~~ *– la clé – l'ascenseur – la serrure – boîtes aux lettres – gardienne – l'interphone – étage – la porte – clé*

La *porte d'entrée* est ouverte, Alfred entre dans ______________ sans difficulté. La ______________ ne le voit pas, il peut prendre ______________ sans être remarqué. Quand il arrive au sixième ______________, il sort ______________ de sa poche et la met dans ______________. À ce moment-là, ______________ s'ouvre toute seule. Dans ______________ de l'appartement, il voit par terre un objet brillant, c'est une autre ______________ ; juste à côté, il y a un petit papier sur lequel il est écrit : « Je vous attends au ______________, devant les ______________. » Au même moment, il entend la sonnerie de ______________ et quelqu'un qui monte lentement ______________. Que faire ?...

3 **Entourez les verbes possibles.**

1. Je *range* / *repeins* / *entre* / *accroche* / *chauffe* la chambre.
2. Il *ouvre* / *allume* / *aménage* / *répare* la porte.
3. Nous *allumons* / *réparons* / *peignons* / *accrochons* le mur.
4. Elle *répare* / *chauffe* / *peint* / *ferme* / *sonne* le portail.
5. Tu *allumes* / *ouvres* / *fermes* / *répares* la boîte aux lettres.

• Avant le dîner, j'accompagne mon oncle dans **sa cave**, qu'il a aménagée **au sous-sol**, et où il entrepose ses bouteilles de vin. À côté de la cave, il y a **le garage** pour la voiture et **un atelier**, où mon oncle range tous ses **outils** pour **le bricolage**.

• Ma tante est fière de sa grande cuisine bien **équipée : un** grand **frigo*** (= **réfrigérateur**), **un congélateur** (pour pouvoir conserver les aliments longtemps), **un** double **évier** avec les **robinets** d'eau chaude et d'eau froide, et **une cuisinière à gaz** avec **un four**. Les **placards** sont « pleins à craquer » de **provisions**. Sous l'évier, il y a un autre placard avec **la poubelle**, où l'on jette les **ordures**.

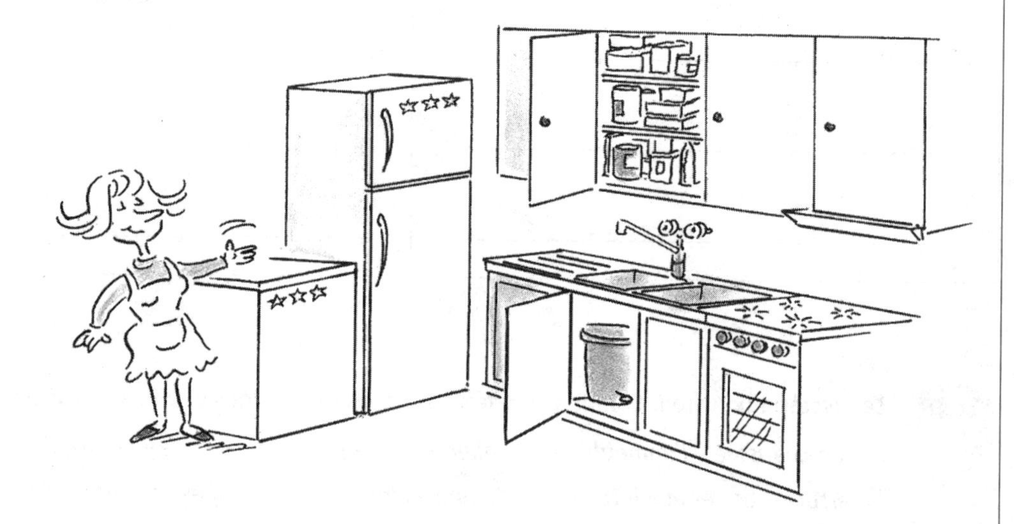

• Voyons un peu **le mobilier**. Mon oncle et ma tante préfèrent **les meubles anciens**, tandis que ma cousine a toujours aimé **le moderne**. Dans **le salon**, il y a donc **un** vieux **canapé** (**un divan**) **confortable**, avec des **coussins** verts **assortis aux rideaux** verts et **un fauteuil en cuir** où mon oncle lit le journal. Le chat, lui, se couche sous **la table basse**. Contre un mur, il y a **la télévision** et **une** grande **bibliothèque**, remplie de livres.

• La chambre de ma cousine est **en désordre** : elle ne range pas ses vêtements. Pourtant, elle a **une penderie** où elle pourrait les **suspendre** sur des **cintres**, **une armoire**, **une commode** à **trois tiroirs** où elle devrait mettre **son linge**. À droite **du lit**, il y a **une** petite **table de chevet**, avec **une lampe de chevet** et **un réveil** électronique, qui fait un bruit affreux quand il **sonne**. Contre le mur, **dans un coin**, je vois **le radiateur électrique** qu'on allume quand il fait froid. Seul le lit est traditionnel : **un matelas**, sur lequel est placé **un drap housse**, puis un drap normal, **une couverture** en laine, **un édredon** et par-dessus, **un dessus-de-lit** de couleur. Il y a aussi deux **oreillers** bien **moelleux** (confortables et doux).

1 En général, dans quelle partie de la maison est-ce qu'...

1. on met la voiture ?→ ____________________
2. on dort ?→ ____________________
3. on mange ?→ ____________________
4. on range les bouteilles de vin ?→ ____________________
5. on met les outils ?→ ____________________
6. on prépare les repas ?→ ____________________
7. on travaille, on étudie ?→ ____________________
8. on met des vieux cartons ?→ ____________________

Choisissez le mot approprié.

Dans la salle de bains, on peut trouver	une bibliothèque	(une baignoire)	un canapé
1. *Dans le salon,*	un canapé	une douche	un four
2. *Dans l'entrée,*	un portail	une poubelle	un portemanteau
3. *Dans la chambre,*	un matelas	une cuisinière	une clôture
4. *Dans la salle à manger,*	une penderie	une boîte aux lettres	des chaises
5. *Dans la cuisine,*	un évier	un lavabo	une table de chevet
6. *Dans le jardin,*	un placard	un radiateur	une allée

3 Complétez en vous aidant de la page ci-contre :

1. C _ _ _ _ D _ (meuble)
2. C _ U _ _ _ _ (sur le canapé)
3. C _ _ G _ _ _ _ _ _ _ _ (pour garder au froid)
4. C _ _ T _ _ (pour suspendre les vêtements)
5. C U _ _ _ _ _ _ _ R _ (pour faire la cuisine)
6. C _ _ V _ _ _ _ _ _ E (sur le lit)

4 Entourez les mots possibles :

1. une cuisine... *moderne / à gaz / équipée / assortie*
2. un meuble... *en panne / ancien / bas / blanc*
3. une chambre... *en désordre / confortable / en cuir / moderne*
4. des rideaux... *confortables / assortis / bas / blancs*
5. une table... *moelleuse / basse / moderne / ancienne*

• Dans **la** grande **salle de bains**, il y a **une** belle **baignoire** où ma tante prend des bains **moussants** (mon oncle préfère prendre **une douche**), **un lavabo** surmonté d'**un miroir**. De chaque côté du lavabo, les **draps de bain,** les **serviettes** et les **gants de toilette** (pour se frotter le corps avec du savon) sont posés sur **les porte-serviettes**. Sous les **toilettes**, je vois de l'eau qui **coule** d'**un tuyau** : il y a **une petite fuite d'eau** que mon oncle réparera très vite…

• Sur **le sol** ? Dans la cuisine et la salle de bains, bien sûr, il y a **du carrelage**, dans les chambres, de **la moquette** de couleur neutre, et dans la salle de séjour, **un** très beau **parquet en bois**. Ma tante aimerait mettre à côté du divan **un tapis** persan ou de Tunisie.

• Aux fenêtres, il y a des **voilages** blancs, des **rideaux** de couleur et des **volets** que l'on ferme le soir.

• C'est ma tante qui s'est occupée de **la décoration** : elle a placé des **bibelots** (= des petits objets décoratifs) sur les **étagères**, elle **a accroché** des **tableaux** au mur. Sur **le rebord des fenêtres** et sur **le balcon**, elle cultive des fleurs et des plantes vertes. Elle met le bouquet que je lui ai offert dans **un vase**.

Éliminez l'intrus.

1. étagère / armoire / commode / table
2. drap / couverture / couverts / édredon
3. frigo / lit / évier / four
4. réveil / lavabo / baignoire / douche
5. tapis / moquette / miroir / carrelage
6. chaise / matelas / fauteuil / divan
7. serviette / plante verte / vase / tableau

Devinez de quel objet on parle.

Exemple : C'est par terre pour décorer. Ça vient de Turquie. → *un tapis*

1. C'est un meuble pour ranger les livres. → ____________
2. C'est un siège confortable où plusieurs personnes peuvent s'asseoir.→ ____________
3. C'est contre le mur, pour décorer. Certains ont beaucoup de valeur.→ ____________
4. C'est relativement petit et ça sonne le matin pour nous réveiller.→ ____________
5. C'est sur le lit. On pose sa tête dessus pour dormir.→ ____________
6. Ils sont en tissu, colorés, et sont placés devant la fenêtre.→ ____________

3 **Qui dort dans quelle chambre ? Associez :**

1. une petite fille de 10 ans
2. un garçon de 18 ans
3. un couple âgé
4. une jeune femme

a. une chambre avec les rideaux, les coussins et le dessus-de-lit assortis, des plantes vertes, une moquette épaisse de couleur pêche.

b. une petite chambre rose, avec une commode blanche, des rideaux à fleurs et des coussins de toutes les couleurs.

c. une chambre en désordre, un lit défait, des photos de chanteurs rock au mur, et une serviette sale par terre.

d. une chambre un peu sombre, des photos sur la table de chevet, des bibelots sur la commode et un vieux tapis par terre.

POUR ALLER PLUS LOIN

• Aurélie **habite** à Montpellier, dans **un petit studio, clair** et **moderne.** Elle a une pièce, une cuisine et une salle de bains. Elle est **locataire** et a **un bail**, c'est-à-dire un contrat de **location**, de 3 ans. **Son loyer** est **modéré** (pas très cher), car **le propriétaire** de **l'appartement** est un ami de son père. Elle n'a pas été obligée de **payer une caution** (une garantie) avant d'**emménager** dans l'appartement.

• Les Granger voulaient **acheter une maison de campagne** en Bourgogne. Grâce à **une agence immobilière**, ils en **ont visité** plusieurs. Ils ont finalement choisi **une belle maison ancienne et pittoresque**, mais qui est **sale** et **en mauvais état**. Il y a des **travaux à faire** : il faut **refaire** l'électricité et la plomberie, et **installer le chauffage central**. Il faut aussi refaire plusieurs pièces. Les Granger ont demandé **un devis** (une estimation du coût des travaux) à chaque artisan. Quand tout sera fini, la maison sera toute **propre** et **en bon état** et les Granger pourront **s'installer** dans leur nouvelle **résidence secondaire**. Ils **pendront la crémaillère**, c'est-à-dire qu'ils organiseront une petite fête en l'honneur de leur nouvelle maison.

• Alex va **déménager** et **quitter son ancien appartement**. Jusqu'à présent, il **habitait** un appartement **minuscule**, **bruyant** et assez **sombre**. Il vient de trouver, dans **un quartier résidentiel, un appartement plus grand, tout neuf** et bien **ensoleillé**, qui **donne sur** une rue **calme**. Les **déménageurs** sont venus avec **le camion de déménagement** pour transporter ses **affaires**. Alex pourra **emménager** dans son nouvel appartement au début du mois prochain.

■ Quelques expressions imagées

• Ma voisine ne dit jamais bonjour, ne sourit jamais, elle est vraiment *aimable comme une porte de prison.*
• Chloé n'est vraiment pas discrète ; chaque fois que je lui dis un secret, elle va le *crier sur les toits.* Après ça, tout le monde connaît mon secret…
• Nicolas a dit que le chat avait cassé le vase ; ce n'est pas vrai, il a dit un mensonge *gros comme une maison*, c'est lui qui a cassé le vase…

EXERCICES

1 Casse-tête : identifiez qui habite dans chacune des maisons.

_______________ _______________ _______________ _______________

- Une femme habite un immeuble moderne.
- Nicole n'habite pas à côté d'un homme.
- Le voisin de Solange a un balcon minuscule.
- Une autre femme habite dans un immeuble en mauvais état.
- La seule maison avec des volets est habitée par une autre femme.
- Romain a les mêmes rideaux que Françoise.
- Nicole est la voisine de Solange et de Françoise.

2 Vrai ou faux ?

	VRAI	FAUX
1. La pièce est bruyante, elle donne sur la rue.	☐	☐
2. Le château de Versailles est minuscule.	☐	☐
3. La maison est propre, il faut faire des travaux.	☐	☐
4. Elle pend la crémaillère sur un cintre.	☐	☐
5. L'appartement est clair, il est ensoleillé.	☐	☐
6. Elle a fait un mensonge gros comme une prison.	☐	☐
7. Il déménage, il change d'appartement.	☐	☐
8. Il paye un loyer, il est propriétaire.	☐	☐
9. Le château est en mauvais état, il faut le restaurer.	☐	☐
10. C'est un secret, je ne vais pas le pleurer sur les toits.	☐	☐

14 LES ACTIVITÉS QUOTIDIENNES

LE MATIN ET LE SOIR

se réveiller	s'endormir
se lever	se coucher
faire sa toilette = se laver	
s'habiller	se déshabiller
écouter la radio, lire le journal	regarder la télé
prendre son petit déjeuner	dîner
aller au travail, à l'école, à la fac	rentrer à la maison

déjeuner

Le matin, on **se prépare**. Si on est pressé, on **se dépêche**.

LE REPAS

Mme Talchan **fait les courses** tous les matins (voir chapitre 21) et vers 18 heures, elle commence **à cuisiner, à préparer le repas** du soir (voir chapitre 22).

À 19 h 45, elle **met la table** (= elle **met le couvert**)...

car les Talchan **se mettent à table** (= **passent à table**) à 20 heures pile.

Quand ils **sont à table**, Madame **sert le dîner**.

Vers 20 h 45, leur fille Léa peut **débarrasser la table** pendant que Monsieur et Madame sont devant la télé.

Hier, **le lave-vaisselle** était en panne. Léa **a fait la vaisselle** à la main avec **une éponge** et **du produit à vaisselle** !

Puis elle l'**a essuyée** avec **un torchon**.

EXERCICES

1 **Complétez les phrases à l'aide des verbes suivants :**

lire – m'habiller – me lever – faire – me préparer – prendre

1. • Le matin, je préfère ____________ tôt et avoir le temps de ____________ tranquillement. J'aime ____________ mon petit déjeuner et ____________ le journal avant de ____________ ma toilette et de ____________.

me lever – partir – prendre mon petit déjeuner – me dépêcher

2. • Moi, c'est le contraire : je n'arrive pas à ____________ tôt, je dois ____________ pour ____________ au travail. En général, je n'ai pas le temps de ____________.

m'endors – me couche – me lève

3. • En ce moment, je suis très fatiguée : je ____________ très tôt pour aller travailler, je ____________ très tard tous les soirs et en plus, je ____________ très difficilement.

2 **Choisissez dans la colonne de droite l'explication convenable.**

1. Eva et Chloé sont à table.
2. Eva et Chloé débarrassent la table.
3. Eva et Chloé mettent la table.
4. Eva et Chloé se mettent à table.

a. Elles s'assoient autour de la table.
b. Elles commencent à cuisiner.
c. Elles apportent le poulet sur la table.
d. Elles enlèvent les assiettes, les verres et les couverts et les emportent à la cuisine.
e. Elles sont assises autour de la table.
f. Elles placent les assiettes, les verres et les couverts sur la table.

3 **Votre vie quotidienne. Répondez librement aux questions suivantes.**

• À quelle heure est-ce que vous vous levez le matin ?

____

• Est-ce que vous prenez un petit déjeuner le matin ?

____

• Où est-ce que vous déjeunez à midi ?

____

• Qu'est-ce que vous faites après dîner ?

____

• Est-ce que vous aimez cuisiner ?

____

LA TOILETTE

• Elle **prend une douche**, il **prend un bain**. Elle **se savonne** avec **du savon**. Il **se lave la tête** (= **se lave les cheveux**) avec **du shampooing**.

• Elle **se rince** (= enlève le savon avec de l'eau). Il **s'essuie** avec **une serviette** puis va **se sécher les cheveux** avec **le sèche-cheveux.**

• Il **se brosse** (= **se lave**) **les dents** avec **une brosse à dents** et **du dentifrice**. Il **se peigne** avec **un peigne**, elle **se brosse les cheveux** avec **une brosse** (= ils **se coiffent**).

• Ils **se regardent dans la glace**. Il **se rase** avec de **la mousse à raser** et **un rasoir**.
Elle met de **la crème** sur son visage.

• Il **met de l'après-rasage** ou de **l'eau de toilette pour homme** pour sentir bon. Elle **se parfume** : elle met de **l'eau de toilette** ou **du parfum** (le parfum est plus fort que l'eau de toilette).

• Elle **se maquille** avec des **produits de maquillage** : elle **se fait les yeux** et **met du rouge à lèvres**. (Le soir, elle **se démaquille** avec **un lait démaquillant** et **du coton**.)

• Il **se coupe les ongles** avec **un coupe-ongles**. Elle **se fait les ongles** (= elle **met du vernis à ongles**).

EXERCICES

1 Vrai ou faux ?

	VRAI	FAUX
1. On se coiffe avec un peigne.	☐	☐
2. On se brosse les dents avec un rasoir.	☐	☐
3. On se lave la tête avec une brosse.	☐	☐
4. On se coupe les ongles avec un coupe-ongles.	☐	☐
5. On se rase avec de la mousse.	☐	☐
6. On se rince avec du savon.	☐	☐

2 Éliminez l'intrus.

1. se démaquiller / se parfumer / lait démaquillant / coton
2. rouge à lèvres / vernis à ongle / mousse à raser / produit de maquillage
3. sèche-cheveux / brosse à dents / peigne / shampooing
4. prendre une douche / prendre un bain / se lever / se laver
5. glace / eau de toilette / après-rasage / parfum
6. rasoir / mousse / savon / après-rasage

3 Mots croisés : « Les objets de la salle de bains ».

Horizontalement

1. Pour se coiffer.
2. Pour se laver la tête.
3. Pour se raser.
4. Pour se démaquiller.
5. Pour se faire les ongles.

Verticalement

a. Pour se raser.
b. Pour se laver.
c. Pour se parfumer.
d. Pour se brosser les cheveux.
e. Pour se laver les dents.
f. Pour se regarder.

LE MÉNAGE ET LE LINGE

(qui ne sont pas toujours des activités quotidiennes...)

Chez les Talchan, c'est Irène, **la femme de ménage**, qui **fait le ménage**.

Chaque jour, elle **passe l'aspirateur** au premier étage...

elle **balaie** (= elle **passe le balai**, elle **donne un coup de balai**) au rez-de-chaussée.

Tous les jours, elle **nettoie** la salle de bains avec **une éponge** et **un produit d'entretien**.

Deux fois par semaine, elle **enlève** (= elle **fait**) **la poussière** avec **un chiffon**...

elle **lave le sol** du rez-de-chaussée avec **une serpillière** et **un balai-brosse**.

Elle **cire** le parquet du premier étage une fois par semaine.

Elle **lave les carreaux** (= elle **fait les vitres**) une fois par mois.

Elle doit aussi s'occuper du linge. Heureusement, il y a **une machine à laver**.

Elle **fait** à peu près trois **lessives** par semaine.

Elle **lave le linge** délicat **à la main**.

Elle **étend** le linge avec des **pinces à linge**.

Quand il est sec, elle le **ramasse**...

puis elle le **repasse** avec **un fer à repasser** (elle **fait du repassage**)...

elle le **plie**...

et enfin elle le **range** dans les armoires et les placards.

Et il reste une dernière activité quotidienne : **sortir** le chien (= promener le chien) mais Irène refuse de le faire car... elle a peur du chien.

1 **Que fait-on après ? Complétez les phrases suivantes.**

1. Je lave le linge et ensuite, je *l'* ____________________.
2. Je fais la vaisselle et ensuite, je *l'* ____________________.
3. Je repasse le linge et ensuite, je *le* ____________________.
4. Je me déshabille et ensuite, je *me* ____________________.
5. Je me rince et ensuite, je *m'* ____________________.
6. Je me lave les cheveux et ensuite, je *me les* ____________________.

Complétez avec les expressions ou mots suivants :

l'éponge – le fer – le peigne – le coton – le balai – faire la poussière – se maquiller – se laver les mains – ~~essuyer la vaisselle~~ – laver le sol – se parfumer

Exemple : Le torchon sert à *essuyer la vaisselle*.

1. ____________________ sert à se démaquiller.
2. Le chiffon sert à ____________________.
3. ____________________ sert à faire la vaisselle.
4. La serpillière sert à ____________________.
5. ____________________ sert à balayer.
6. Le savon sert à ____________________.
7. ____________________ sert à repasser le linge.
8. Le rouge à lèvres sert à ____________________.
9. ____________________ sert à se coiffer.
10. L'eau de toilette sert à ____________________.

3 **Faire ou se faire ?**

1. *faire* __________ du repassage
2. __________ une lessive
3. __________ les yeux
4. __________ sa toilette
5. __________ les ongles
6. __________ le ménage
7. __________ les vitres

4 **Laver ou se laver ?**

1. __________ les carreaux
2. __________ les mains
3. __________ les cheveux
4. __________ le sol
5. __________ la tête
6. __________ les dents
7. __________ le linge à la main

15 L'ÉCOLE

LA SCOLARITÉ

L'école **publique** (« le public »), qui dépend de l'Éducation nationale, est gratuite ; l'école **privée** (« le privé »), religieuse ou non, est payante.

L'école maternelle (non obligatoire)

- à partir de 3 ans,
- pendant 3 ans

L'école primaire (obligatoire)

- à partir de 6 ans,
- pendant 5 ans

À l'école primaire ou maternelle, les élèves sont des **écoliers**. Ils ont **un instituteur** ou **une institutrice**. Ils l'appellent **le maître** et **la maîtresse**.

L'enseignement secondaire (le « secondaire »)

Les élèves ont plusieurs **professeurs** spécialisés chacun dans **une matière**. (Les instituteurs et les professeurs sont des **enseignants**.)

le collège (4 ans), obligatoire (les élèves sont des **collégiens**) puis **le lycée** (3 ans) (les élèves sont des **lycéens**)

Enseignement professionnel qui prépare à **un diplôme professionnel** (de coiffeur, mécanicien…) ou *Enseignement général* qui prépare à **un examen** : **le baccalauréat** (le « bac ») nécessaire pour faire des études supérieures.

L'an dernier, Bruno a eu de mauvais résultats → il a préféré **redoubler** (= rester deux ans dans la même classe). Cette année, ça marche très bien → il **passe** dans la classe supérieure.

L'enseignement supérieur (le « supérieur »)

Les élèves deviennent des **étudiants**.

l'université, **la faculté** (la « fac ») ou les **grandes écoles**, plus difficiles et plus réputées que l'université

Remarque : Jeanne **a fait ses études** à la Sorbonne, Frédéric **fait ses études** à l'étranger…

EXERCICES

1 Vrai ou faux ?

	VRAI	FAUX
1. Au lycée, les élèves ont un instituteur ou une institutrice.	☐	☐
2. L'école primaire n'est pas obligatoire.	☐	☐
3. L'école maternelle n'est pas obligatoire.	☐	☐
4. Les grandes écoles font partie de l'enseignement supérieur.	☐	☐
5. Laure passe dans la classe supérieure car elle a de très mauvais résultats.	☐	☐
6. Après le collège, on entre au lycée.	☐	☐
7. Sans le bac, on ne peut pas entrer à la fac.	☐	☐
8. Les étudiants vont au collège.	☐	☐
9. Au lycée, on prépare obligatoirement un diplôme professionnel.	☐	☐
10. L'Université Catholique est une université privée.	☐	☐

2 Complétez les phrases suivantes avec les éléments de la liste.

1. Richard a 18 ans. En juin, il a eu ____________________.
2. Richard va s'inscrire ____________________.
3. Il va faire ____________ à Lyon.
4. Caroline a deux ans. L'année prochaine elle va rentrer ________.
5. Pierre a 6 ans. Ses parents l'ont inscrit ____________________.
6. Corinne a 15 ans. Elle est ____________________.
7. Claire a 14 ans. Elle est dans sa dernière année ____________.

- lycéenne
- à l'école primaire
- le bac
- à l'école maternelle
- de collège
- ses études
- à l'université

Complétez le texte en utilisant les expressions ou mots suivants :

étudiant – maîtresse – supérieur – ~~l'école~~ – professeur – institutrice – secondaire – mes études – écolier – l'école primaire – redoublé

« Je n'ai jamais quitté l'école... »

J'ai commencé *l'école* dans le petit village où je suis né. Ma mère a été mon __________ pendant plusieurs années. À l'école, je l'appelais « __________ » et à la maison, « maman ». J'étais un __________ heureux. Après __________, le collège et le lycée ont été plus difficiles. J'ai même __________ une classe. Puis, j'ai fait __________ à Paris, loin de mon village natal. J'ai beaucoup profité de ma vie d'__________. Ensuite, je suis devenu __________ moi-même, d'abord dans le __________, et maintenant dans le __________.

LE CALENDRIER SCOLAIRE

La rentrée scolaire (= **la rentrée des classes** = **la rentrée**) a lieu début septembre.
Il y a des **vacances** environ toutes les six semaines. Les vacances d'été (juillet et août) s'appellent les « **grandes vacances** ».
La fin de l'année scolaire marque le début des grandes vacances (≠ **la sortie de l'école** : chaque jour, au moment où les élèves quittent l'école).

LE MATÉRIEL SCOLAIRE

Dans le cartable (1) : le livre (2), le cahier (3), la trousse (4), le classeur (5), les feuilles perforées (6).
Dans la trousse (7) : un crayon (8), une gomme (9), un taille-crayon (10), des crayons de couleur (11), une règle (12), un stylo-bille (13), un feutre (14), un stylo-plume (15), une cartouche d'encre (16).

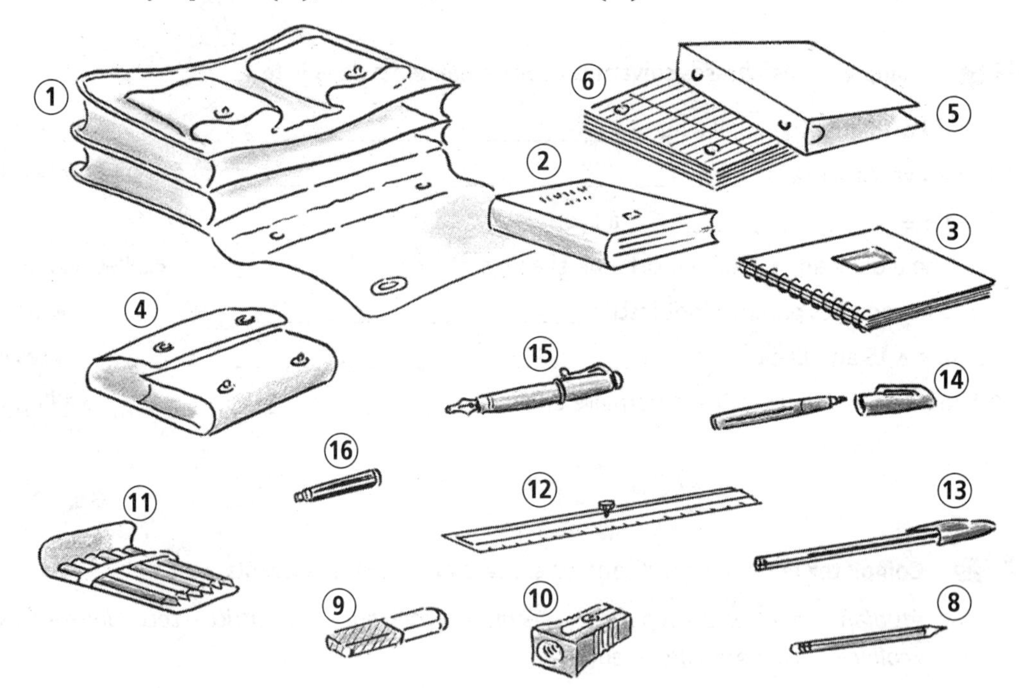

LES LIEUX

Un collège ou un lycée comprend les **salles de classe** (avec **le bureau** du professeur, **le tableau** au mur, les **tables** des élèves), la **cour** où les élèves peuvent jouer et parler entre les cours, **la bibliothèque** où se trouvent les livres. Il possède parfois **un terrain de sport** et **un gymnase** (pour faire du sport à l'intérieur).
Les élèves mangent à **la cantine**.

1 Mots croisés.

Horizontalement
1. On y met des feuilles perforées.
2. On peut écrire et dessiner avec ; il est noir ou de couleur.
3. Elle sert à effacer.
4. On le lit.
5. On l'utilise pour tracer un trait bien droit.
6. Il contient les affaires de l'élève.

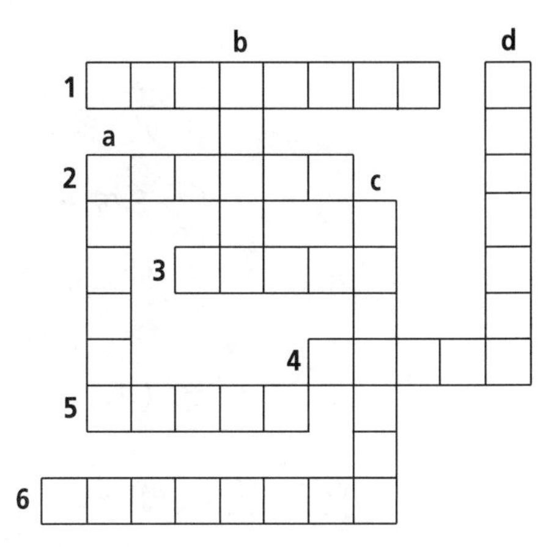

Verticalement
a. On écrit dessus, il est en papier.
b. On écrit avec, il contient de l'encre.
c. On la met dans un classeur.
d. Elle contient tous les crayons et stylos.

2 Répondez aux questions suivantes.

Exemple : Dans quelle partie du collège a lieu la récréation ? *La récréation a lieu dans la cour.*

1. Dans quelle partie du collège se passe le cours d'anglais ?
____
2. Où est-ce que les élèves font du sport ?
____
3. Où est-ce que les élèves déjeunent ?
____
4. Où est-ce qu'un élève emprunte un livre ?
____
5. Où est-ce que le professeur écrit ses explications ?
____

3 Entourez la ou les bonne(s) réponse(s).

1. Juliette a sept ans. Elle n'aime pas | l'enseignement | l'université | l'école |.
2. Plus exactement, elle n'aime pas son | instituteur | maître | professeur |.
3. Depuis le jour de | la rentrée | l'entrée scolaire | la rentrée des classes |, elle est triste d'aller à l'école.
4. Heureusement, elle ne mange pas | au restaurant | à l'école | à la cantine |.
5. Aujourd'hui, elle est très heureuse car demain | ce sont les grandes vacances | c'est la sortie de l'école | c'est la rentrée scolaire |.

LES MATIÈRES

Matinée d'un élève de primaire

9 h 00	Lecture
9 h 45	Écriture
10 h 30	Récréation
11 h 00	Calcul (Maths)
11 h 45	Dessin
12 h 00	Cantine

8 h 00	Français
9 h 00	Mathématiques
9 h 55	Récréation
10 h 05	Langue vivante
11 h 00	Biologie
12 h 00	Cantine
14 h 00	Histoire-géographie (histoire-géo)
15 h 00	Musique
16 h 00	Sport (Éducation physique)
18 h 00	Sortie

Journée d'un lycéen

• Myriam va au collège. Lundi, elle a français (→ **avoir** français, maths…), elle va faire **une dictée**. Mais elle n'aime pas **l'orthographe** ! Pourtant, en français, elle a Mme Duparc (→ **avoir** Mme X **en français**, **en** histoire…) qui explique bien **la grammaire**.

• Sébastien est au lycée. Il étudie maintenant **la physique**, **la chimie**, **l'économie** (= l'éco) et **la philosophie** (= la philo). Il est content d'avoir M. Riout en philo.

• À l'université, on choisit **une discipline** dominante : **les lettres**, **les langues**, **l'histoire**, **le droit**, **la sociologie** (= la socio), **la psychologie** (= la psycho), **la médecine**, **l'économie**, **les mathématiques** (= les maths)…

Le verbe « apprendre »

L'élève apprend sa leçon (→ **apprendre quelque chose**).
L'élève apprend à lire, à écrire, à compter (→ **apprendre à faire quelque chose**).
Le maître apprend la grammaire aux élèves (→ **apprendre quelque chose à quelqu'un**).
Le maître apprend à compter aux élèves (→ **apprendre à faire quelque chose à quelqu'un**).

EXERCICES

1 **Devinez les préférences de ces élèves :**

la biologie – la récréation – l'écriture – musique – la lecture – le sport – les maths – ~~le français~~

1. Mathilde préfère les mots aux chiffres. Elle aime le *français* ____________.
2. Christian lit beaucoup. Il aime ____________.
3. Mais il n'aime pas compter. Il déteste ____________.
4. Lucie, elle, aime surtout écrire. Elle aime ____________.
5. Quant à Romain, il préfère jouer dans la cour avec ses copains. Il adore ____________.
6. Il aime aussi courir, sauter, jouer au ballon. Sa matière préférée est ____________.
7. Robert n'aime pas chanter. Il n'aime pas le jeudi car il a ____________.
8. Dominique veut devenir médecin. À 15 ans, elle aime déjà beaucoup ____________.

2 **Est-ce qu'il/elle enseigne ou est-ce qu'il/elle est élève ?**

1. Romain apprend à écrire aux enfants. Romain ____________.
2. Léo apprend sa leçon sur la Révolution française. Léo ____________.
3. Ségolène apprend facilement l'anglais. Ségolène ____________.
4. Jeanne apprend facilement à lire à Laure, Sylvia, Paul et Samy. Jeanne ____________.
5. Sergueï apprend le russe à quelques amis français. Sergueï ____________.

3 **Classez les mots suivants dans le tableau (ils peuvent apparaître dans une, deux ou trois colonnes).**

droit / professeur / maîtresse / lecture / économie / médecine / élèves / instituteur / philosophie / bac / écriture / lettres / physique / étudiants / récréation

École primaire	Collège	Lycée	Université

POUR ALLER PLUS LOIN

Pourquoi ne va-t-on pas à l'école ?

Vous **n'avez pas** classe, pas cours car... un professeur ne vient pas au lycée.
Vous **manquez** les cours ou vous **êtes absent**, car... vous êtes malade.
Vous **séchez*** les cours quand vous préférez aller vous promener !

Les moments difficiles...

– En anglais, ce matin, j'**ai été interrogé à l'oral**.
– Comment ça s'est passé ? Tu **as eu combien ?**
– Pas mal, j'**ai eu 13**. Et demain, on a **un contrôle** (ou : **un devoir surveillé**, **un devoir sur table**) de maths.
– Et quand est-ce que tu **passes ton bac** (ou : **le bac**) ?
– Le mois prochain. J'espère que je vais **réussir** (ou : **être admis**), car si je **rate** mon bac (ou : si j'**échoue**, si je suis **recalé au bac**), je serai obligé de redoubler ma terminale, pfffff !

Les élèves et les professeurs...

Léa **bavarde** en classe, elle est **indisciplinée** alors que Gérard est très **discipliné** et **sage**.
Christophe est **vivant**, il **lève la main** (**le doigt**) alors que Sophie est plutôt **effacée**, **passive**.
Jeanne est **attentive** alors que Victor est très **distrait**.
Marc est **travailleur**. Ce n'est pas comme Jean qui est **paresseux**.
Luc est **très bon** en dictée alors que son frère est **très mauvais** : il **fait des fautes**.
Luc est un **excellent** élève, un élève **brillant**, **doué**. Son frère, au contraire, est un élève **peu doué**, **médiocre**, **nul***, mais il commence **à faire des progrès**.

Le professeur (= le prof) peut être **sévère**, **autoritaire** ou au contraire **gentil**(le), **(super) sympa***.
Il (ou elle) peut être **strict**(e) ou au contraire **décontracté**(e).
Il (ou elle) peut être **exigeant**(e) ou au contraire, **peu exigeant**(e).

Ce que fait l'enseignant	Ce que fait l'élève, l'étudiant
Enseigner une matière.	Étudier, apprendre.
Faire, donner un cours.	Avoir, prendre, suivre un cours.
Donner des devoirs, du travail.	Avoir des devoirs, faire ses devoirs.
Préparer un cours.	• Avoir des exercices à faire. • Réviser, revoir ses leçons.
Interroger les élèves.	Réciter une leçon.
Mettre, donner des notes. Noter.	Avoir une bonne / mauvaise note.
Corriger les copies.	

EXERCICES

1 **Les adjectifs ci-dessous expriment-ils une qualité ou un défaut ?**

	Qualité	Défaut		Qualité	Défaut
doué	☐	☐	attentif	☐	☐
paresseux	☐	☐	vivant	☐	☐
travailleur	☐	☐	sage	☐	☐
brillant	☐	☐	effacé	☐	☐
mauvais	☐	☐	distrait	☐	☐
indiscipliné	☐	☐	passif	☐	☐

Éliminez l'intrus.

1. Bavarder / Lever le doigt / Être indiscipliné / Ne pas écouter
2. Collège / Lycéen / Étudiant / Élève
3. Maître / Institutrice / Professeur / Collégien
4. Trousse / Gomme / Classe / Classeur
5. Compter / Lire / Maths / Calcul
6. Être recalé / Travailler / Échouer / Rater
7. Faire des fautes / Manquer les cours / Sécher / Être absent
8. Avoir cours / Faire cours / Suivre un cours / Prendre un cours

3 **Dites si les phrases suivantes sont prononcées par un élève, un professeur ou un parent d'élève.**

Exemple : Les élèves ne travaillent pas assez ! un prof

1. Est-ce que tu as fait tes devoirs pour demain ? ____________
2. J'ai donné 6 heures de cours aujourd'hui ! ____________
3. J'ai eu 14 en espagnol et j'attends ma note d'anglais. ____________
4. Vous ferez l'exercice n°3 page 90 pour lundi. ____________
5. Je n'ai rien compris en maths ce matin. ____________
6. Demain, je sèche. ____________
7. C'est bien, mon chéri, tu fais des progrès en maths. ____________
8. Pourquoi est-ce que tu n'as pas classe demain matin ? ____________
9. Je n'ai pas encore préparé mon cours pour demain. ____________
10. Je dois réviser mon cours d'histoire. ____________
11. Je dois corriger les copies. ____________
12. Qu'est-ce qu'on a pour demain ? ____________
13. Si tu réussis ton bac, tu auras un nouveau piano. ____________

16 LES PROFESSIONS – LES MÉTIERS

Le terme « **métier** » insiste sur l'aspect concret de l'activité, tandis que la « **profession** » désigne simplement une activité permettant de **gagner sa vie**.
« ***Il connaît son métier*** » dit-on d'un professeur, d'un mécanicien, d'un avocat...

LE NOM DES PROFESSIONS

• Beaucoup de professions ont une forme masculine et une forme féminine : un ac**teur**, une ac**trice** (de théâtre) / un boulang**er**, une boulang**ère** (vendent du pain)/ un musici**en**, une musici**enne** / un vend**eur**, une vend**euse** (dans un supermarché) / un avocat, une avocat**e** (au tribunal) / un assistant, une assistant**e** (de direction)...

• Certains noms ne changent pas au féminin, car ils se terminent par un -e au masculin : un(e) libr**aire** (vend des livres) / un(e) compt**able** (fait la comptabilité) / un(e) interpr**ète** (traduit les langues étrangères) /un(e) journa**liste** (travaille dans un journal)

• Certaines professions n'existent qu'au masculin (grammaticalement !) :
– Celles que les femmes n'exercent pas ou rarement : le plombier qui répare les tuyaux, le mécanicien qui répare les voitures, le jardinier qui entretient les jardins...
– Celles qui étaient autrefois réservées aux hommes :
*Isabelle est **un** talentu**eux** professeur. Sylvie est **un** brill**ant** ingénieur. Madame Leduc est **un** ministre compét**ent**. Agnès est **un bon** médecin. Claire est **un** merveill**eux** chirurgien.*
– On peut préciser :
C'est une femme chauffeur de taxi / chef d'entreprise / écrivain.

• À l'inverse, le nom de certaines professions n'existe qu'au féminin : L'hôtesse de l'air qui travaille dans l'avion, la sage-femme qui aide à la naissance des bébés, la femme de ménage qui entretient la maison...

• Le nom de certaines professions est abrégé dans la langue familière :
un(e) instit (instituteur/-trice) / *un(e) prof* (professeur)
un(e) kiné (kinésithérapeute) / *une dactylo* (dactylographe)
un(e) commercial(e) (ingénieur commercial)

EXERCICES

1 **Trouvez la forme féminine de l'activité professionnelle.**

1. Julien est *acteur*. Et sa femme ? Elle est ________________ aussi ?
   – Non, elle a étudié la *danse*. Elle est ________________.
2. Robert est *coiffeur*. Est-ce que vous savez si sa sœur est ________________ aussi ?
   – Oui, ils travaillent ensemble, ils sont coiffeurs tous les deux.
3. David est *épicier*, mais sa femme n'est pas ________________. Elle vend du pain, des croissants, elle est ________________.
4. Marc est *musicien*. Et Juliette ?
   – Juliette est une excellente ________________ aussi.
5. Pierre est *avocat*. Et son amie ?
   – Elle est ________________ aussi.

2 **Choisissez, parmi les métiers suivants, ceux qui conviennent à ces petites annonces.**

vendeurs – ingénieurs – électricien – coiffeuses – vétérinaire – serveur – journalistes – couturières – dessinateur – professeurs – livreurs – assistante – esthéticienne – infirmières.

1. Recherchons pour notre directeur une ________________ bilingue français-allemand.
2. Grand restaurant lyonnais recherche un ________________ expérimenté.
3. Magasin de vêtements recherche des ________________ qualifiés.
4. Cabinet d'architecte recherche un ________________ industriel expérimenté.
5. Magazine spécialisé en informatique recherche des ________________.
6. Hôpital régional recherche deux ________________ expérimentées diplômées d'État.
7. Salon de beauté recherche une ________________.
8. Usine de produits ménagers recherche des ________________ commerciaux.
9. Société de transports recherche des ________________ disponibles immédiatement.

3 **Associez un dessin à une profession.**

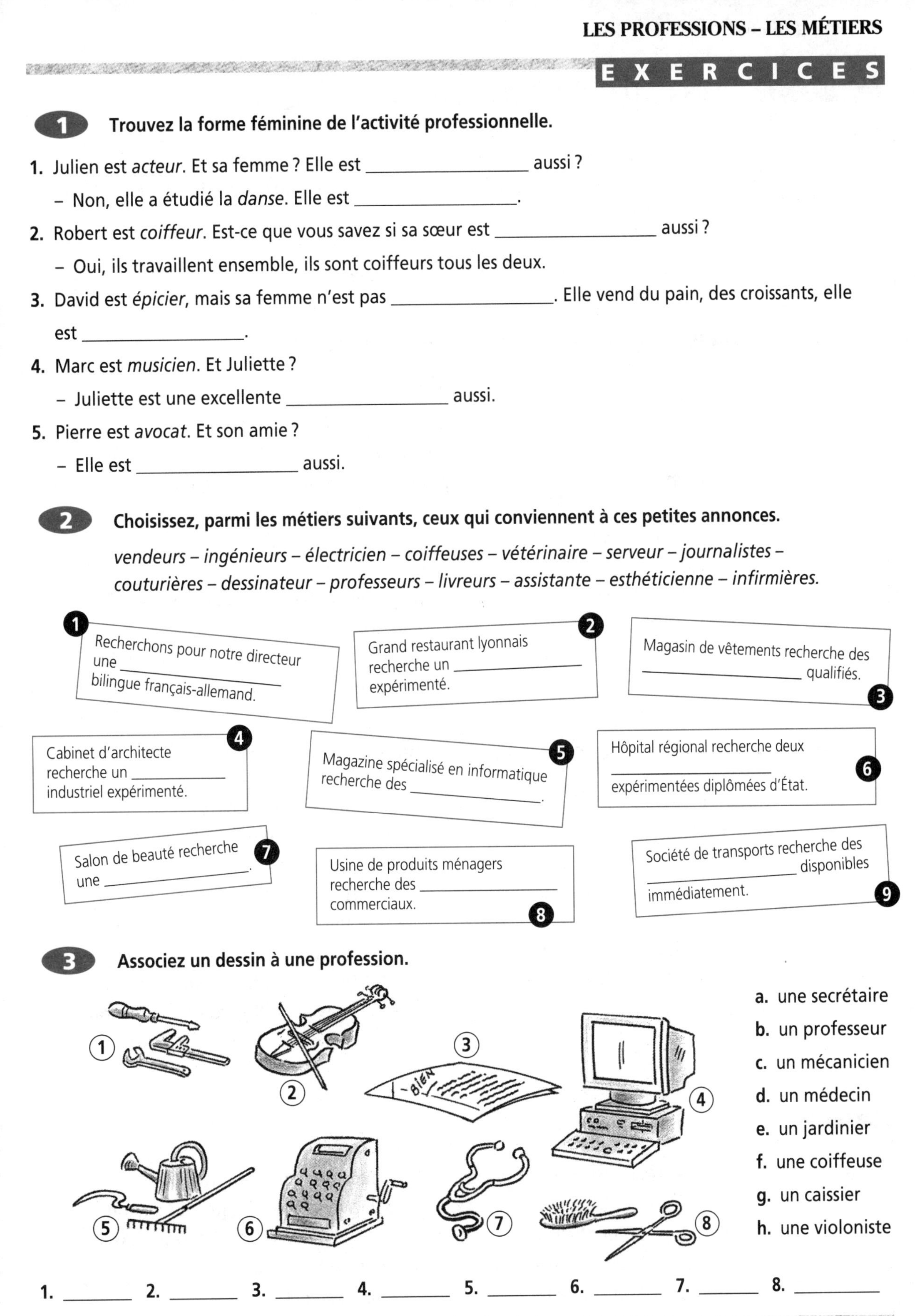

a. une secrétaire
b. un professeur
c. un mécanicien
d. un médecin
e. un jardinier
f. une coiffeuse
g. un caissier
h. une violoniste

1. ______ 2. ______ 3. ______ 4. ______ 5. ______ 6. ______ 7. ______ 8. ______

LES CATÉGORIES SOCIO-PROFESSIONNELLES

On peut aussi décrire l'activité professionnelle de manière moins précise. On utilise alors un mot général qui définit plutôt une catégorie socio-professionnelle.

La langue courante privilégie les mots suivants :

Ceux qui ont une activité professionnelle régulière

- l'employé (de banque, de bureau, de poste…)
- l'ouvrier (mécanicien, maçon…, travaillant pour un patron)
- l'artisan (plombier, électricien…, travaillant pour son propre compte)
- le commerçant (boulanger, boucher, fleuriste…)
- l'agriculteur (fermier, vigneron, éleveur de moutons…)
- le fonctionnaire (employé de ministère, professeur de l'Éducation nationale…)
- le cadre (chef du personnel, directeur du marketing…)
- l'intellectuel (écrivain, professeur, journaliste…)

Ceux qui n'ont pas encore ou n'ont plus d'activité professionnelle

- l'étudiant en médecine, en lettres… (il va à l'université)
- l'apprenti menuisier, coiffeur… (il apprend un métier chez un artisan)
- le stagiaire dans une entreprise (il apprend un métier dans une entreprise)
- le chômeur (être au chômage) (il a perdu son emploi)
- le retraité (être à la / en retraite) (il arrête définitivement de travailler et reçoit une pension)

QUELQUES LIEUX DE TRAVAIL

Une secrétaire travaille dans **un bureau**, mais une ouvrière travaille dans **une usine**. Un vendeur travaille dans **un magasin** ou **une boutique**, un maçon travaille sur **un chantier** de construction. Un menuisier travaille dans **son atelier**. Un médecin travaille à **l'hôpital**, dans **un cabinet** ou fait des visites **à domicile**. Un notaire reçoit ses clients dans **son étude**.

EXERCICES

1 **Associez chaque profession à une catégorie socio-professionnelle.**

1. charcutier
2. électricien
3. vigneron
4. directeur financier
5. caissière
6. inspecteur des impôts

a. employé
b. cadre
c. fonctionnaire
d. commerçant
e. agriculteur
f. artisan

2 **Mots croisés.**

Horizontalement

1. Il a une boutique de vêtements. Il est…
2. Il est électricien et travaille pour son propre compte. Il est…
3. Il a terminé ses études de communication. Il passe deux mois dans une agence de publicité pour perfectionner sa formation. Il est…
4. Il a perdu son emploi. Il est…
5. Il fait des études de médecine à l'université. Il est… en médecine.
6. Il assemble des pièces de voiture à l'usine Renault. Il est…

Verticalement

a. Elle a commencé comme vendeuse dans un grand magasin, puis elle a eu plusieurs promotions. Aujourd'hui, elle est directrice des achats. Elle est devenue…
b. Il ne travaille plus, car il a 70 ans. Il est en…
c. Il travaille à la campagne, il cultive des céréales. Il est…
d. Il apprend son métier chez un artisan. Il est… menuisier.
e. Elle travaille au ministère de la Justice, et est donc payée par l'État. Elle est…
f. Il travaille dans une banque, mais n'a pas de hautes responsabilités. Il est… de banque.

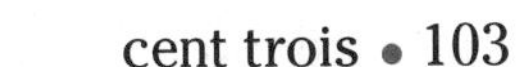

À PROPOS DE L'ACTIVITÉ PROFESSIONNELLE

Les questions

Quelle est votre profession ?	(langue administrative)
Qu'est-ce que vous faites comme travail / métier ?	(langue courante)
Qu'est-ce que vous faites dans la vie ?	(langue courante)
Vous avez / exercez une activité professionnelle ?	(langue courante)
Vous travaillez ?	(langue courante)
Vous travaillez dans quoi ?	(langue courante)
Vous êtes dans quoi ?	(langue familière – le contexte doit être clair)

Les réponses

- **être** + profession ou fonction (sans article)

Je suis chirurgien et mon frère est cadre dans une entreprise multinationale.

(Ne dites pas : Je suis ~~un~~ chirurgien.)

- **être** + profession (avec article défini et complément ou complétive)

*Marc est **le** professeur **de** mon fils. **C'est le** professeur de mon fils.*
*Odile est **la** journaliste **qui** a fait ce reportage. **C'est la** journaliste qui a fait ce reportage.*

(Ne dites pas : ~~Elle~~ est la journaliste qui…)

- **être** + profession (avec article indéfini et adjectif qualificatif)

*Mathieu est **un excellent ouvrier**. **C'est** un excellent ouvrier.*

(Ne dites pas : ~~Il~~ est un excellent ouvrier.)

- **être ou travailler dans** + secteur d'activité ou lieu de travail

*Bruno est **dans l'enseignement**. Paule travaille **dans un magasin de vêtements**.*

- **travailler comme** + fonction

*Il travaille **comme maître d'hôtel** dans un restaurant.*

- **faire** + activité occasionnelle

Je fais de la couture, des ménages. Serge fait des gardes de nuit dans un hôtel.

- **s'occuper de** + activité (surtout quand l'activité correspond à une fonction plutôt qu'à un métier bien précis)

Je m'occupe de la promotion des nouveaux produits et mon mari s'occupe de personnes âgées.

EXERCICES

1 Complétez.

1. • Qu'est-ce qu'il ________________ comme métier ?
   – Il ________________ plombier. ________________ un excellent plombier.
2. • Elle ________________ dans quoi ?
   – Elle ________________ dans la publicité. Elle ________________ photographe.
3. • Quelle est la ________________ de votre voisin ?
   – Il ________________ médecin. ________________ le médecin qui a soigné ma fille, le mois dernier. ________________ un médecin très compétent et très gentil.
4. • Vous ________________ ?
   – Oui, je ________________ d'enfants handicapés. Je ________________ éducatrice.
5. • Vous ________________ dans quoi ?
   – Je ________________ dans l'administration. Je ________________ employé à la Sécurité sociale.
6. • Qu'est-ce qu'il ________________ dans la ________________ ?
   – Il ________________ ouvrier. Il ________________ dans une ________________ de voitures.
7. • Il ________________ dans quoi ?
   – Il ________________ dans l'informatique. ________________ un bon programmeur.
   ________________ le programmeur qui a inventé le logiciel que mon entreprise utilise.

2 Devinez la profession de ces personnes et répondez par une phrase complète.

1. Elle s'appelle Sabine. Ses horaires sont très irréguliers. Un jour, elle arrive à São Paulo, le lendemain, elle est à New York. Elle parle anglais, ce qui est très important pour accueillir les passagers.
   – Quelle est la profession de Sabine ?
   ____
2. Ils s'appellent Guy et Irène. Ils s'intéressent beaucoup aux livres et à la littérature. Maintenant ils sont dans le commerce et ont ouvert un magasin au centre ville.
   – Qu'est-ce qu'ils font dans la vie ?
   ____
3. Il s'appelle Roger. Il a toujours aimé la mécanique et les voitures. Il a d'abord été apprenti chez son oncle, puis il est devenu ouvrier dans le garage d'un ami de son père.
   – Qu'est-ce qu'il fait comme métier ?
   ____
4. Elle s'appelle Alice. Elle a fait des études de mathématiques, elle a passé un concours et maintenant elle est fonctionnaire. Elle a une quinzaine d'heures de cours par semaine et beaucoup de copies à corriger.
   – Alice travaille dans quoi ?
   ____

17

LA TECHNOLOGIE

la technique → les progrès techniques
la technologie → les progrès technologiques
la haute technologie = la technologie de pointe

L'INFORMATIQUE

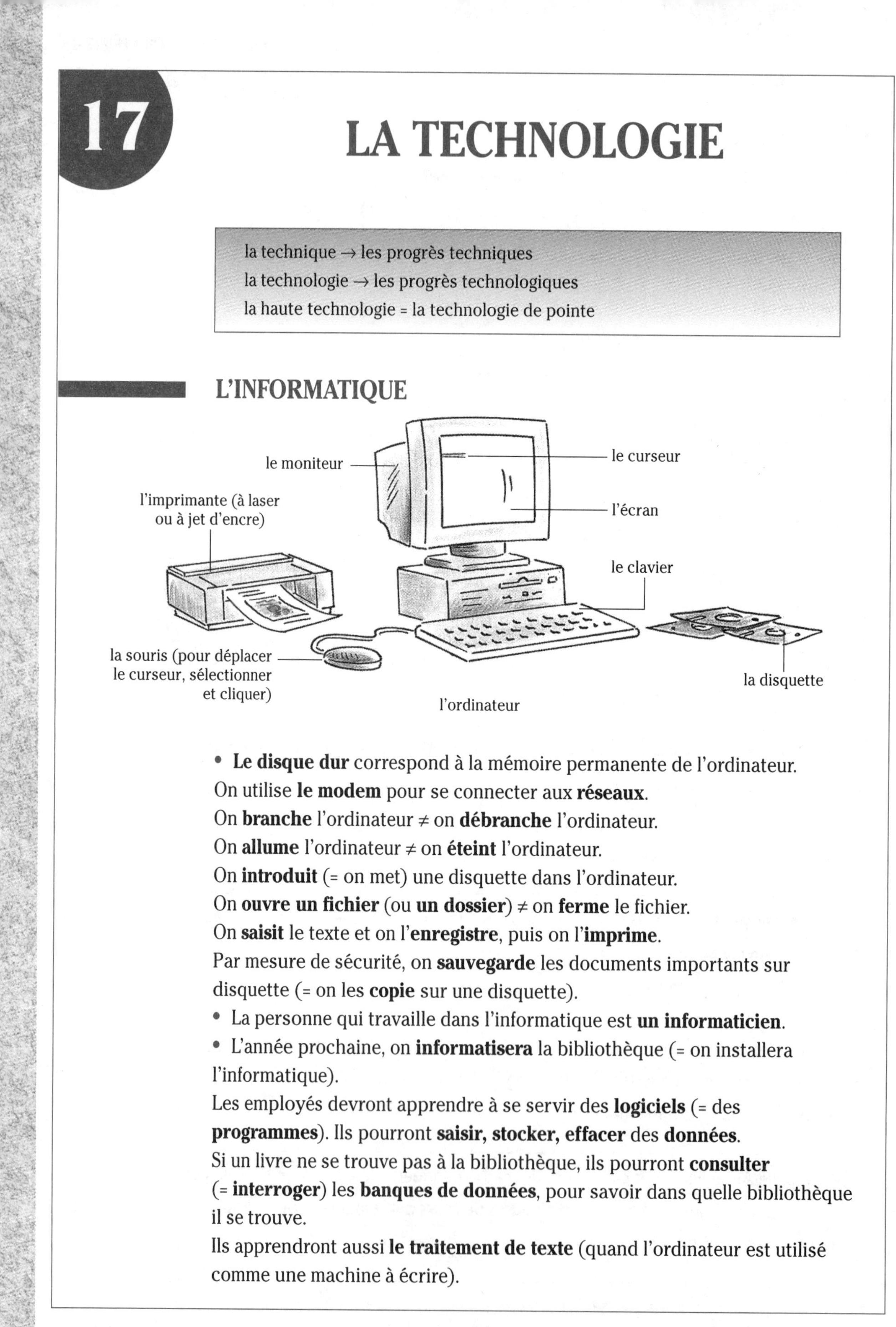

• **Le disque dur** correspond à la mémoire permanente de l'ordinateur.
On utilise **le modem** pour se connecter aux **réseaux**.
On **branche** l'ordinateur ≠ on **débranche** l'ordinateur.
On **allume** l'ordinateur ≠ on **éteint** l'ordinateur.
On **introduit** (= on met) une disquette dans l'ordinateur.
On **ouvre un fichier** (ou **un dossier**) ≠ on **ferme** le fichier.
On **saisit** le texte et on l'**enregistre**, puis on l'**imprime**.
Par mesure de sécurité, on **sauvegarde** les documents importants sur disquette (= on les **copie** sur une disquette).
• La personne qui travaille dans l'informatique est **un informaticien**.
• L'année prochaine, on **informatisera** la bibliothèque (= on installera l'informatique).
Les employés devront apprendre à se servir des **logiciels** (= des **programmes**). Ils pourront **saisir, stocker, effacer** des **données**.
Si un livre ne se trouve pas à la bibliothèque, ils pourront **consulter** (= **interroger**) les **banques de données**, pour savoir dans quelle bibliothèque il se trouve.
Ils apprendront aussi **le traitement de texte** (quand l'ordinateur est utilisé comme une machine à écrire).

EXERCICES

1 Vrai ou faux ?

	VRAI	FAUX
1. J'efface les anciennes données et je saisis les nouvelles.	☐	☐
2. Le disque dur est une sorte de disquette.	☐	☐
3. Stocker des données = imprimer des données.	☐	☐
4. Un informaticien travaille dans l'information.	☐	☐
5. Le curseur se déplace sur l'écran grâce à la souris.	☐	☐
6. Le clavier est relié au moniteur par un fil.	☐	☐
7. Les technologies de pointe sont des techniques modernes et complexes.	☐	☐
8. Le disque dur constitue la mémoire de l'ordinateur.	☐	☐
9. Avant d'introduire une disquette, j'éteins l'ordinateur.	☐	☐
10. L'imprimeur est relié à l'ordinateur.	☐	☐

2 Mettez les phrases suivantes dans un ordre logique en les numérotant de 1 à 7.

a. Sandra imprime son document. ☐
b. Sandra débranche l'ordinateur. ☐
c. Sandra allume l'ordinateur. ☐
d. Sandra saisit un texte. ☐
e. Sandra branche l'ordinateur. ☐
f. Sandra éteint l'ordinateur. ☐
g. Sandra sauvegarde son document. ☐

3 Complétez les phrases à l'aide des mots suivants :

ordinateur – sauvegarder – informatique – programme – disquette – imprimante – traitement

Victor est écrivain. Il n'aime pas beaucoup les machines, il était contre l'______________ mais il vient quand même d'acheter un ______________, un ______________ de ______________ de texte et une ______________. Mais la première fois qu'il a utilisé tout cela, il a oublié de ______________ son travail sur ______________ et il a tout perdu.

Conclusion : il est toujours contre l'informatique.

LE TÉLÉPHONE

Avec **le téléphone sans fil**, on peut se promener partout dans la maison.

Avec **le téléphone mobile**, on peut appeler et recevoir des appels partout à l'extérieur de la maison.

Pour téléphoner

On **décroche** (le combiné) et on attend **la tonalité**.

On **compose** (= on fait) **le numéro du correspondant** (la personne à qui on veut parler). **Ça sonne**.

Il n'y a personne, **ça ne répond pas**. *ou* **Ça sonne occupé** = **la ligne** est occupée. *ou* Quelqu'un **décroche** = quelqu'un répond.

Après la conversation, on **raccroche**.

- On dit : **téléphoner à quelqu'un** = **appeler** quelqu'un = **passer un coup de fil** (ou **un coup de téléphone**) à quelqu'un, ou au contraire **recevoir** (**avoir**) un coup de fil.
- Si vous appelez à l'étranger, il faut composer **l'indicatif téléphonique** du pays.
- Si votre téléphone ne marche pas, votre **ligne** est **en dérangement**.
- Vous cherchez le numéro de quelqu'un :

– vous appelez les **renseignements** (= le service des renseignements) ;
– vous cherchez dans **l'annuaire**, **le bottin** ;
– vous consultez **le minitel** = l'annuaire électronique.

- Pour appeler d'**une cabine téléphonique**, on utilise **une carte de téléphone**.
- Quand vous sortez, vous pouvez mettre en marche votre **répondeur**.

*« J'ai essayé d'appeler Louise mais elle n'était pas là, je **suis tombé*** sur le répondeur (= **j'ai eu*** le répondeur), j'**ai laissé un message,** j'espère qu'elle va me **rappeler** très vite ! »*

- Pour communiquer vite et par écrit : **le fax** = **la télécopie**. *« Quel est votre **numéro de fax** ? »*
envoyer un fax, **faxer** (un document, une lettre) / **recevoir** un fax.
- **La facture de téléphone** : plus on téléphone loin et longtemps, plus la facture est élevée (= plus ça coûte cher).

EXERCICES

1 Choisissez dans la deuxième liste la ou les bonne(s) réponse(s).

1. Que fait-on avant de composer un numéro ? ____________________
2. Que fait-on si ça ne répond pas ? ____________________
3. Que fait-on quand on a écouté des messages sur son répondeur ? ____________________
4. Que fait-on quand on tombe sur un répondeur ? ____________________
5. Que fait-on à la fin d'une conversation téléphonique ? ____________________
6. Que fait-on quand le téléphone sonne ? ____________________
7. Que fait-on quand ça sonne occupé ? ____________________

a. On laisse un message.
b. On décroche.
c. On rappelle les personnes.
d. On raccroche.
e. On raccroche et on rappelle plus tard.

2 Complétez en employant les expressions ou mots suivants :

rappeler – téléphone – passer un coup de téléphone – appelé – eu un coup de fil – reçu – mis en marche – est tombé – eu un message – laisser son message

Jacques a voulu ____________________ à Michèle. Mais Michèle n'était pas là et n'avait pas ____________________ son répondeur. Il n'a donc pas pu ____________________ à Michèle. Alors il a ____________________ Michèle un peu plus tard à son bureau. En rentrant à la maison, Michèle a dit à son ami : « J'ai ____________________ de Jacques, ce matin. Il a ____________________ de Louise qui est bien arrivée. Il a voulu ____________________ Louise immédiatement mais il ____________________ sur le répondeur. (...) Est-ce que j'ai ____________________ des appels aujourd'hui ? Oh ! Je ____________________ tout de suite à Marie, j'ai complètement oublié de le faire ce matin ! »

3 Le téléphone futuriste. Décrivez-le.

1. Il a deux ____________.
2. Il a trois ____________.
3. Il a quarante ____________.
4. Il n'a pas de ____________.
5. Il a un ____________.

LA HI-FI

Camille et Jérémie vivent ensemble depuis trois jours.
Il y a juste un petit problème : Camille aime la musique classique et Jérémie le rock... Camille a installé, dans le salon, **sa chaîne (stéréo)** (= sa **chaîne hi-fi**), qui comprend **une platine (disques)**, **un tuner** (= la radio), **un amplificateur** (→ un **ampli**) et deux **enceintes** (= deux **haut-parleurs**).
Et elle a rangé ses **disques compacts** (= ses CD) sur une belle étagère.
Jérémie, lui, a **un** vieux **tourne-disque** (= **un électrophone**), car il collectionne les vieux **disques 33 tours** de rock des années 60.
Il a aussi **un magnétophone** (→ un **magnéto**) (= **un lecteur de cassettes**) pour écouter ses **cassettes** (= ses **cassettes audio**).
Les deux premiers jours, Camille n'a pas arrêté de **monter le son** (= **mettre plus fort**) pour entendre Schubert, et de demander à Jérémie de **baisser le son** (= **mettre moins fort**).
Mais ce matin, Jérémie a acheté deux **casques** : chacun peut maintenant **mettre** un disque ou une cassette et **régler le volume** comme il veut sans déranger l'autre. C'est super de vivre ensemble !

LA TÉLÉVISION, LA VIDÉO ET LA RADIO

Les Martin **ont** la télé.
Tous les soirs, ils sont devant leur **poste** = ils sont devant leur **écran**.
Ils **allument** la télé (→ quelqu'un **appuie** sur la **touche** ***marche*** de **la télécommande**). ≠ Ils l'**éteignent** (→ quelqu'un appuie sur **le bouton** ***arrêt***) quand ils vont se coucher.
Ils **regardent le journal télévisé** (= les **informations**, les **infos***), puis ils **mettent la chaîne** qui propose des **émissions** de variété ou de sport.
Ils **changent** de chaîne quand le programme ne leur plaît pas (= ils **zappent***).
Ou bien ils allument **le magnétoscope** et ils regardent **une cassette vidéo**. Ils **enregistrent** tous les matchs à la télé. Robert, le cadet de la famille, préfère les **jeux vidéo**, mais en ce moment, **sa console** de jeux est en panne. Étienne, l'aîné, a gagné **une caméra vidéo** (= **un caméscope**). Hier soir, il a filmé toute la famille en train de regarder la télé...

- De même : on allume, on écoute, on éteint la radio.

Les radios = les **stations** de radio, les **programmes**, les **émissions** de radio.
Le transistor : petit poste de radio portatif.

La chaîne, la télé, la radio, le magnétoscope... sont des **appareils**.

EXERCICES

1 **Associez.**

1. Disque
2. Cassette audio
3. Disquette
4. Cassette vidéo

a. Ordinateur
b. Magnétoscope
c. Platine
d. Magnétophone

1. Chaîne stéréo
2. Télé
3. Téléphone
4. Ordinateur

a. Passer un coup de fil.
b. Consulter une banque de données.
c. Écouter de la musique.
d. Regarder un film.

Éliminez l'intrus.

1. informatique / disque compact / disquette / disque dur
2. télévision / chaîne / station / écran
3. console / marche / allumer / mettre
4. télévision / téléphone / télécommande / émission
5. caméscope / caméra / magnétoscope / magnétophone
6. radio / tuner / vidéo / station

3 **L'emploi du temps de Christophe. Complétez les phrases suivantes.**

Il ____________________ la radio pour écouter les ____________________.

Quand il part au travail, il ____________________ la radio, puis il met en marche son ____________________.

Quand il arrive au bureau, il allume son ____________________.

Puis il ____________________ ses clients.

Parfois, il ____________________ un fax.

De retour à la maison, il met un ____________________ ou une ____________________ et écoute de la musique pour se détendre.

Après le dîner, il ____________________ un film à la télé.

Ou bien, il met une ____________________ vidéo dans le ____________________.

À 11 heures, il éteint les ____________________ et va se coucher.

18 LA COMMUNICATION

INVITER, PROPOSER / ACCEPTER, REFUSER

• *Vous voulez un café ?*
– *Oui, avec plaisir !*
– *Volontiers !*
– *Oui, je veux bien.*
ou au contraire : – *Non merci, c'est gentil !*
– *Merci* (avec un geste négatif de la main).

Remarque : « Merci », employé seul et avec un geste négatif, signifie : « non ».

• *Qu'est-ce que je vous offre / sers ?*
– *Je prendrais volontiers un café.*
– *Pour moi, un thé, s'il te plaît.*
ou au contraire : – *Rien, merci. Ça va comme ça.*

• *Tu es libre, samedi soir ?*
– *Oui, je n'ai rien de prévu.*
– *Peut-être, je vais voir.*
ou au contraire : – *Non, désolé, je suis pris, samedi.*
– *Malheureusement, non !*
– *C'est dommage, samedi, je ne suis pas libre !*

• *Si on allait au cinéma, ce soir ?*
– *Chouette* ! (= chic* !) c'est une bonne idée !*
– *Oui, pourquoi pas ?*
– *Volontiers, ça me ferait plaisir.*
ou au contraire : – *Non, ça ne me dit rien !*
– *C'est gentil de le proposer, mais ce soir, je ne peux pas.*

• *Tu sais, il n'y a plus de place pour le concert.*
– *Tant pis, ce sera pour la prochaine fois !*
– *Ça ne fait rien, on ira une autre fois.*
ou au contraire : – *Quel dommage !*
– *Zut* alors !*
– *Que je suis déçue !*

• *Vous voulez que je vous ramène ?*
– *Ah oui, c'est vraiment gentil de votre part !*
ou au contraire : – *Non merci, ce n'est pas la peine, j'habite juste à côté.*

EXERCICES

1 Vous dites :

1. Je veux bien.
a. ☐ quand vous demandez quelque chose.
b. ☐ quand vous acceptez quelque chose.
2. Ce n'est pas la peine.
a. ☐ quand vous refusez de l'aide.
b. ☐ quand l'autre personne est malade.
3. Désolé, je suis pris.
a. ☐ quand on vous propose un apéritif.
b. ☐ quand on vous invite.
4. Quel dommage !
a. ☐ quand on vous invite.
b. ☐ quand vous regrettez quelque chose.

2 Choisissez la bonne réponse.

1. Vous prendrez bien un thé.
a. ☐ – Volontiers !
b. ☐ – Ça ne fait rien.
2. Est-ce que je peux te raccompagner ?
a. ☐ – Je n'ai rien de prévu.
b. ☐ – Oui, c'est gentil.
3. Tu as envie d'aller au restaurant ?
a. ☐ – C'est dommage.
b. ☐ – Pourquoi pas, c'est une bonne idée.
4. Finalement, je ne peux pas venir samedi.
a. ☐ – Ce n'est pas grave.
b. ☐ – Non merci.

3 Répondez aux questions en utilisant des expressions de la page de gauche.

1. Bonjour Marc ! Vous êtes libre, samedi soir ?
– (non) ______________________________
2. Salut, Mireille ! Tu veux prendre un verre ?
– (oui) ______________________________
3. Solange, nous allons au cinéma ce soir. Tu veux venir avec nous ?
– (non) ______________________________
4. Isabelle, tu as des projets pour dimanche ? Tu veux venir faire une promenade en forêt ?
– (oui) ______________________________
5. André, tu es pris, ce soir ?
– (non) ______________________________

4 On accepte ou on refuse ? Classez les expressions suivantes :

	ACCEPTER	REFUSER
Volontiers.		
Rien, merci.		
Désolé, je suis pris.		
Ça ne me dit rien.		
Pourquoi pas ?		
Quelle bonne idée !		
C'est dommage !		
Avec plaisir !		

LA CONVERSATION TÉLÉPHONIQUE

■ Vous téléphonez à Barbara, mais vous tombez sur Julie (= c'est Julie qui répond). Vous dites :

– *Je voudrais parler à Barbara, s'il vous plaît. / Est-ce que je pourrais parler à Barbara, s'il vous plaît ? / Est-ce que Barbara est là, s'il vous plaît ?*

puis – *(Est-ce que) vous pouvez me la passer ?*

Julie vous répond :

• Si Barbara est là :

– *Ne quittez pas, je vous la passe.*

• Si Barbara n'est pas là :

– *Je suis désolée... / Désolée... / Je regrette...*

puis : – *Elle n'est pas là. / Elle est sortie. / Elle s'est absentée. / Son poste ne répond pas.*

puis : – *Je peux prendre un message ? / Je peux lui transmettre un message ?*

• Si Barbara est déjà au téléphone :

– *Elle est déjà en ligne. / Elle est en communication. / Son poste sonne (est) occupé.*

puis : – *Vous patientez un instant ou vous préférez rappeler dans quelques minutes ?*

■ Luc Dupré téléphone à André. Il se présente :

– *Allô, bonjour, (c'est) Luc Dupré à l'appareil. Je voudrais parler à André...*

ou : – *Allô, bonjour, je voudrais parler à André, (c'est) de la part de Luc Dupré.*

ou : – *Allô, André ? C'est Luc.*

■ Vous téléphonez et vous vérifiez que vous êtes au bon numéro :

– *Allô, Christine ?*

– *Allô, bonjour, je suis bien chez M. et Mme Leroi ? / Je suis bien au 01 45 87 44 21 ?*

– *C'est bien l'Hôtel Concordia ?*

• Si vous n'êtes pas au bon numéro, la personne qui répond vous dit :

– *Vous avez fait erreur. / Vous vous êtes trompé de numéro.*

■ Vous répondez au téléphone, vous demandez son nom à la personne qui appelle :

– *C'est de la part de qui ? / Vous êtes monsieur (madame, mademoiselle)... ?*

• Puis vous lui demandez son numéro de téléphone :

– *Je vais prendre / noter votre numéro (de téléphone) / votre téléphone / vos coordonnées... (adresse et / ou numéro de téléphone)*

• Puis la personne vous donne son numéro de téléphone :

– *Il (elle) peut me joindre au... / Mon numéro est le... / Je suis au... / Je vous laisse mon téléphone. C'est le...*

EXERCICES

1 Associez les phrases de même sens.

1. C'est de la part de qui ?
2. Elle est en ligne.
3. Tu peux me passer Camille, s'il te plaît ?
4. Je vais prendre vos coordonnées.
5. Camille à l'appareil.
6. Vous pouvez patienter un instant ?
7. Ne quittez pas, je vous la passe.
8. Je regrette, son poste ne répond pas.

a. Elle est là, je l'appelle.
b. Elle n'est pas encore dans son bureau.
c. C'est Camille.
d. Une minute, s'il vous plaît.
e. Elle est déjà au téléphone.
f. Vous êtes madame ?
g. Je vais noter votre numéro.
h. Est-ce que Camille est là?

2 Cochez les deux réponses possibles.

1. Je vais prendre vos coordonnées.
a. ☐ – D'accord, mon numéro est le 01 45 87 50 00.
b. ☐ – Vous avez fait erreur.
c. ☐ – Bien sûr, je suis au 01 45 87 50 00.

2. Je voudrais parler à Solène, s'il te plaît.
a. ☐ – Ne quitte pas, elle est sortie.
b. ☐ – Je te la passe.
c. ☐ – Une minute, elle arrive, elle est en ligne.

3. Tu peux prendre un message pour lui ?
a. ☐ – Bien sûr.
b. ☐ – Oui, je te le passe.
c. ☐ – Oui, une minute, s'il te plaît, je prends un crayon pour noter.

4. Je suis bien chez Pierre Pahin ?
a. ☐ – Non, pas du tout, monsieur.
b. ☐ – Non, il est absent.
c. ☐ – Oui, vous voulez lui parler ?

5. Est-ce que Christian est là, s'il vous plaît ?
a. ☐ – Je regrette, je vous le passe.
b. ☐ – C'est de la part de qui ?
c. ☐ – Oui, ne quittez pas.

6. Allô, Laurent ?
a. ☐ – Oui, c'est moi.
b. ☐ – Oui, je te le passe.
c. ☐ – Non, ce n'est pas Laurent mais je vous le passe, ne quittez pas.

3 Une annonce et un message sur répondeur. Complétez avec les mots suivants :

l'appareil – coordonnées – Bonjour – Malheureusement – bien – pris – absents – rappellerons – dommage – message

1. ____________. Vous êtes ____________ chez Hélène et Éric Foster. Nous sommes ____________, mais laissez-nous votre ____________ et vos ____________ après le signal sonore. Nous vous ____________. Merci. À très bientôt.

2. Bonjour Hélène, bonjour Éric. Martin à ____________. Merci pour l'invitation. ____________, je suis ____________ samedi soir, c'est ____________ ! Je vous rappelle un peu plus tard. Je vous embrasse.

LES ACTES DE PAROLE

• On **parle** (**à** quelqu'un) (**de** quelque chose) :
J'ai parlé de mon projet à Claire = J'ai parlé à Claire de mon projet.

• On **parle**, on **discute** (**avec** quelqu'un) (**de** quelque chose)
= **on a une conversation, une discussion avec** quelqu'un, **sur** quelque chose.
– *Vendredi, Agathe et Paul ont passé la soirée à* ***discuter****. / Vendredi, Agathe a passé la soirée à* ***discuter avec*** *Paul.*
– *Ils ont eu* ***une*** *grande* ***conversation sur*** *l'enseignement du français. Ça a été* ***le*** *seul* ***sujet de conversation*** *de la soirée.*
– *Pendant que Paul parlait, Agathe* ***se taisait*** *(= ne parlait pas) et* ***écoutait****.*

• On a **un entretien** dans un contexte plutôt professionnel.
– *La semaine dernière, François a eu un entretien avec le directeur du personnel, pour un emploi.*

• On **bavarde** (**avec** quelqu'un) → on ne dit rien de très important.
– *Hier, Sophie m'a appelé, on* ***a bavardé*** *une heure au téléphone. / Hier, j'ai bavardé une heure au téléphone avec Sophie.*

• On **raconte une histoire** à un enfant pour l'aider à s'endormir.

• Marie **demande** quelque chose à Léo = Marie **pose une question** à Léo.
Léo **répond à** Marie, Léo répond **à la question** de Marie.
Si Marie ne **comprend** pas **la réponse** de Léo, elle lui demande **une explication**.
Léo **explique** à Marie ce qu'elle n'a pas compris = il lui **donne** / **apporte** une explication.

• Hier, Ève est allée se promener avec David.
Si elle dit à son mari qu'elle est allée se promener avec David, elle **dit la vérité** à son mari.
Si elle dit à son mari qu'elle est allée au travail, elle **ment** à son mari.

• Ce matin, Aline **a pris rendez-vous** chez son médecin. Elle **a rendez-vous** vendredi.

• Ce que l'on dit quand on n'a pas bien entendu :
– *Pardon ? Comment ?*
– *Excusez-moi, je n'ai pas compris, vous pouvez répéter ?*

• Ce que l'on dit quand on est étonné :
– *Vous plaisantez ! Tu plaisantes !*
– *Non ! C'est pas possible* ! C'est pas vrai* !*

EXERCICES

1 **Entourez l'expression qui convient.**

1. Sophie parle | sur le temps qu'il fait | avec le temps qu'il fait | du temps qu'il fait |.
2. Paule et Marlène ont une conversation | du temps qu'il fait | sur le temps qu'il fait | à Antoine |.
3. Jeanne répond | sur la question du professeur | à la question du professeur | sur le professeur |.
4. Gaspard bavarde | avec le temps qu'il fait | à Margot | avec Margot |.

2 **Associez.**

1. Fabien sait très bien raconter
2. Christophe voudrait prendre
3. Vous avez dû faire
4. Valérie aimerait poser
5. Jacqueline voulait en discuter avec

a. un ami.
b. erreur.
c. rendez-vous.
d. des histoires.
e. une question.

3 **Complétez les phrases.**

1. Marie voudrait savoir pourquoi Alexandra pleure.
→ Elle ________________ à Alexandra pourquoi elle pleure.
2. Alexandra ne veut pas dire à Marie pourquoi elle pleure. Donc, elle invente une histoire.
→ Elle ________________ à Marie.
3. Ce soir, Lydie va à une fête. Elle veut absolument se faire couper les cheveux.
→ Heureusement, elle ________________ chez le coiffeur.
4. Élisa n'a pas compris l'exercice, mais Alexandre l'a compris.
→ Alexandre peut ________________ l'exercice à Élisa.
5. Dans les discussions, Maxime parle sans arrêt et les autres ne peuvent rien dire.
→ Maxime ne sait pas ________________ les autres ; il ne sait pas non plus ________________.

4 **Dans les phrases suivantes, proposez deux solutions.**

1. – Est-ce que tu veux un café ? – Oh oui, ________________________ !
________________________ !
2. – Je lui dirai de vous rappeler. – Est-ce qu'elle a ________________________ ?
________________________ ?
3. – Demain, je vais à Caen. – ________________ ? où est-ce que vous partez ?
– ________________ ? où est-ce que vous partez ?
4. – J'ai eu une longue ________________ politique avec Max.
________________ politique avec Max.

POUR ALLER PLUS LOIN

■ Une réunion dans une société

C'est Lucie qui parle : **elle a la parole**.
Mais Léa lève la main :
elle voudrait **intervenir**
= elle voudrait **prendre la parole**
= elle **demande la parole**.

Claude, qui **anime** la réunion, **donne la parole** à Léa.

Marc prend la parole pendant que Léa parle : Marc **interrompt** Léa
= il lui **coupe la parole**.

À la fin de la réunion, Claude **prononce un beau discours** et puis il y a **un débat**. Lors du débat, chacun **développe**, **expose** ses **arguments**, ses **raisons**, ses **idées**…

■ Donner (= exprimer) son opinion

CLAUDE : Dis-moi, Léa, **je voudrais connaître** (= **avoir**) **ton point de vue** (= **ton opinion** = **ton avis**) sur cette question. / Quel est ton point de vue… sur cette question ?

LÉA : Notre problème, c'est que nous ne faisons pas suffisamment de bénéfices, **c'est bien cela** ? (= **n'est-ce pas** ?)

CLAUDE : Oui, c'est bien ça.

LÉA : **Je crois que** (= je **pense** que) nous devons vendre plus cher, **non** ? (= **vous n'êtes pas d'accord** ? = **vous ne croyez pas** ?)

MARC : Oui, c'est vrai, **tu as raison** (= **je suis d'accord avec toi** = **je suis de ton avis**).

LUCIE : Ah, non ! C'est faux, **vous avez tort** (= **je ne suis pas d'accord avec vous** = **je ne suis pas de votre avis**), on ne peut pas augmenter les prix, ce serait de la folie !

CLAUDE : Donc, **d'après toi** (= **pour toi** = **à ton avis** = **selon toi**) que faut-il décider ?

LUCIE : **Il me semble** (= **j'ai l'impression** = **j'ai le sentiment**) que si nous augmentons les prix, nous vendrons beaucoup moins. En fait, **j'en ai même la certitude** (= **j'en suis sûre**). **Vous ne pensez pas** (= **vous ne croyez pas**) qu'il faudrait plutôt diminuer nos dépenses ?

EXERCICES

1 **Vrai ou faux ?**

	VRAI	FAUX
1. On peut couper la parole à quelqu'un au téléphone.	☐	☐
2. Pour donner la parole à Claude, dans une réunion, on dit : « Je vous passe Claude. »	☐	☐
3. Quels sont vos arguments ? = Pourquoi dites-vous cela ? Quelles sont vos raisons ?	☐	☐
4. J'ai l'impression qu'il va pleuvoir, non ? = Vous ne pensez pas qu'il va pleuvoir ?	☐	☐
5. Je voudrais avoir votre avis sur cette question. = Je suis d'accord avec vous.	☐	☐

2 **Barrez les termes en italique qui ne conviennent pas.**

Exemple : ~~vouloir~~, avoir, ~~savoir~~, ~~être~~ raison

1. *d'avant, d'après, selon, pour, par* vous

2. *reprendre, parler, donner, discuter, couper, dire, découper, prendre* la parole

3. *poser, déposer, demander, questionner* une question

4. *avoir, faire, prendre, poser* rendez-vous

5. *vouloir, avoir, être, savoir* tort

3 **Lisez les petits dialogues, puis répondez aux questions.**

1. – *Cet élève travaille très bien.*
– *Oui, cet élève a de très bons résultats.*
→ Est-ce qu'ils sont d'accord ?

____

2. Le directeur : *Cet élève a de très...*
M. Vanot : *Oui, mais il peut faire encore mieux.*
→ Que fait M. Vanot ?

____

3. Mme Arnout : *S'il vous plaît, je voudrais dire quelque chose.*
Le directeur : *Je propose d'écouter Mme Arnout qui va nous donner son avis.*
→ Que fait Mme Arnout ?

____

→ Que fait le directeur ?

____

4. M. Guillot : *Il me semble que c'est peut-être mieux de dire non. Vous ne croyez pas ?*
→ Est-ce que M. Guillot en est vraiment sûr ?

____

19 LE CARACTÈRE ET LA PERSONNALITÉ

LES FORMULES ESSENTIELLES

• **être** + adjectif qualificatif
Il est patient, courageux, gentil…
Elle est intelligente, cultivée, romantique…
Il est nerveux, distrait comme tout = très nerveux, très distrait.*

• **être d'un(e)** + nom (+ adjectif)
Elle est d'une méchanceté extraordinaire.
Il est d'une grande timidité.
Elle est d'une bêtise !

• **c'est quelqu'un de** + adjectif
C'est quelqu'un de maladroit, de paresseux, de dur…

• **avoir** + nom
Il a de la patience, beaucoup de patience.
Elle a le sens de l'humour. Elle n'a aucun sens de l'humour.
Il a une forte personnalité.
Elle a bon ≠ mauvais caractère.

• **manquer de** + nom
Il manque de calme (= il n'est pas assez calme).

Remarque : Importance de la forme négative en français. Beaucoup de Français préfèrent utiliser la forme négative :
« Il n'est pas prudent (du tout). » = « Il est imprudent. »
« Elle n'est pas (très) sympa. » ≤ « Elle n'est vraiment pas sympa. » < « Elle est antipathique. »
« Il n'est pas idiot (du tout). » = « Il est intelligent. »

Les adjectifs emphatiques

Les adjectifs emphatiques sont caractéristiques de la langue orale et familière :
Albert est… fabuleux, merveilleux, exceptionnel, fantastique, extraordinaire, formidable, génial*, super*…
C'est un homme exceptionnel = c'est un type* génial*.

Remarque : On ne dit pas : Il est ~~très~~ merveilleux, mais il est *vraiment* merveilleux.

EXERCICES

1 Entourez la bonne réponse.

1. Il est | de patient | patient | patience |.
2. Elles ont | du bon caractère | le bon caractère | bon caractère |.
3. Elle est | merveille | merveilleuse | de merveilleux |.
4. C'est quelqu'un | d'intelligent | intelligent | intelligence |.
5. Elle manque | de douceur | la douceur | douceur |.
6. Il n'a pas | sens de l'humour | de l'humour | le sens de l'humour |.
7. Elle est d'une grande | généreux | généreuse | générosité |.

2 Complétez le tableau avec les expressions ci-dessous :

il est fantastique / elle est d'une méchanceté incroyable / elle a bon caractère / ils manquent de patience / elle est vraiment chouette / il n'est pas gentil du tout / il est vraiment antipathique / elle est assez cultivée / c'est quelqu'un de paresseux / ils sont aimables / c'est quelqu'un de très dur / il est très intelligent

très négatif	négatif	positif	très positif

3 Complétez par l'adjectif approprié.

1. Il a du courage, il est ________________.
2. Elle est très ________________, elle est d'une grande timidité.
3. Ils sont très ________________, ils ont beaucoup de gentillesse.
4. Elle est d'une grande méchanceté, elle est vraiment ________________.
5. Il a beaucoup de douceur, il est très ________________.

4 Vrai ou faux ?

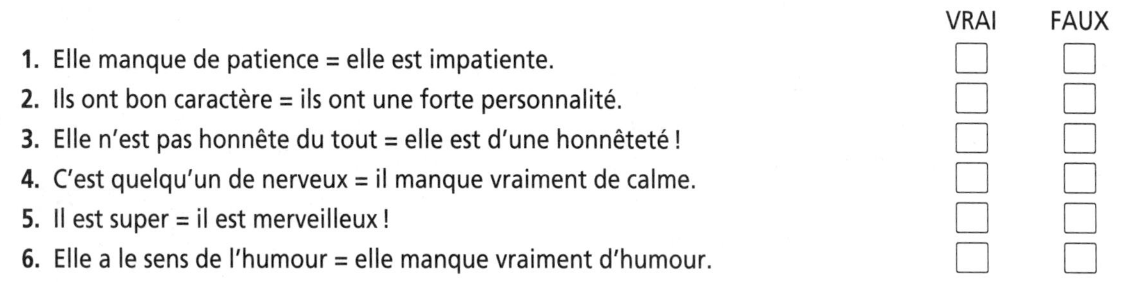

	VRAI	FAUX
1. Elle manque de patience = elle est impatiente.	☐	☐
2. Ils ont bon caractère = ils ont une forte personnalité.	☐	☐
3. Elle n'est pas honnête du tout = elle est d'une honnêteté !	☐	☐
4. C'est quelqu'un de nerveux = il manque vraiment de calme.	☐	☐
5. Il est super = il est merveilleux !	☐	☐
6. Elle a le sens de l'humour = elle manque vraiment d'humour.	☐	☐

QUELQUES PORTRAITS

• Sylvie est assez **timide** et peu **bavarde** : elle n'aime pas parler. C'est une personne **réservée** et **discrète** : on ne l'entend pas. Certains pensent qu'elle est **froide**, et pourtant elle peut être **chaleureuse** et **drôle** : elle a le sens de l'humour. **Optimiste**, elle voit généralement le bon côté des choses. En fait c'est quelqu'un de très **chouette***.

• Je déteste Raymond. Il ne pense qu'à lui-même, il est d'**un** immense **égoïsme**. Je lui trouve **tous les défauts** : il est **bête** (il n'est vraiment pas **intelligent**) et **indiscret** (il a essayé de lire mon courrier personnel). En plus, il n'accepte pas les opinions des autres, il n'est vraiment pas **tolérant**. Pour finir, c'est quelqu'un d'assez **hypocrite**, il ne parle pas **franchement**.

• Michel, en revanche, a beaucoup de **qualités**. C'est un homme d'**une** grande **sensibilité** : il **est** facilement **touché** par les émotions des autres. Il est connu pour **sa générosité**, car il donne facilement son temps et son argent. Il est très **ouvert**, il s'intéresse à tout. Je le **trouve** vraiment très **sympa*** (pour moi il est vraiment très sympa). Pourtant, il est souvent **maladroit** par **nervosité** – il a cassé deux verres chez moi l'autre soir !

• Xavier a toujours été **sérieux** et **travailleur**. **Dynamique** et **ambitieux**, il a fait une carrière brillante. Certains le trouvent **agressif** (quand il parle violemment), d'autres le trouvent simplement **autoritaire** (parce qu'il aime commander). Pour moi, il est plutôt **ennuyeux** (ce qu'il dit ne m'intéresse pas) et **superficiel** (il manque de profondeur).

• Florence est une personne **calme** et **équilibrée** – elle parle avec **douceur**, et ses mots et ses gestes sont mesurés. Elle est peut-être trop **modeste**, car elle ne montre pas toutes ses **qualités**. Je la trouve **intéressante** et **profonde** : elle parle toujours de sujets variés, et j'apprends beaucoup avec elle. Enfin, elle est très **indépendante**, elle n'a pas besoin des autres pour vivre.

Quelques comparaisons

- être bon comme le pain
- être sérieux comme un pape
- être ennuyeux comme la pluie
- être bête comme ses pieds
- être bavard comme une pie

1 **Associez les éléments des deux colonnes.**

1. sérieux **a.** casser
2. timide **b.** attendre
3. maladroit **c.** donner
4. patient **d.** rougir
5. généreux **e.** parler
6. bavard **f.** agir
7. dynamique **h.** travailler

Éliminez l'intrus.

1. Il n'est pas sérieux du tout. / Il est sérieux comme un pape. / Il n'est pas drôle. / Il est d'un sérieux !
2. Elle est d'une intelligence ! / Elle n'est pas bête du tout. / Elle est bête comme ses pieds . / Elle est très intelligente.
3. Elle est bavarde comme tout. / Elle est ennuyeuse comme la pluie. / Elle est bavarde comme une pie. / Elle n'arrête pas de parler.
4. Il n'est vraiment pas intéressant. / Il est très intéressant. / Il est ennuyeux comme la pluie. / Il est d'un ennui !
5. Il est bon comme le pain. / Il est d'une grande bonté. / C'est quelqu'un de très bon. / Il manque de bonté.

Qui êtes-vous ? La parole est à vous.
Vous pouvez répondre librement aux questions en utilisant le vocabulaire de la page ci-contre.

• Est-ce que vous aimez beaucoup parler ?

___

• Est-ce que vous voyez généralement le bon côté des choses ?

___

• Est-ce que vous cassez souvent des objets ?

___

• Est-ce que vous êtes facilement touché par les émotions des autres ?

___

• Est-ce que vous acceptez l'opinion des autres ?

___

• Est-ce que vous restez calme, en général ?

___

L'ARGENT – LA BANQUE

LA MONNAIE

En France, jusqu'au 1er janvier 2002, **la monnaie** en usage était **le franc**. Désormais, comme beaucoup d'Européens, les Français utilisent **l'euro** (abréviation : €). Il existe :
– **des pièces de** 1, 2 € ; de 1, 2, 5, 10, 20 et 50 **centimes** ;
– **des billets de** 5, 10, 20, 50, 100, 200, 500 euros.

Remarque : Le terme officiel de « cent » a été remplacé en France par « centime », pour éviter la confusion avec le chiffre « 100 ».

LES DIFFÉRENTS MODES DE PAIEMENT / DE RÈGLEMENT

« *Vous **réglez** comment ? / Vous **payez** comment ?* »
Il existe en France trois manières de payer :

■ en espèces, en (argent) liquide = avec des pièces et des billets

On met les pièces dans **un porte-monnaie** et les billets dans **un portefeuille**.
• Vous achetez un livre qui coûte 12 €.
Vous avez exactement 12 € = vous **avez l'appoint** (= vous avez **la monnaie**).
→ vous donnez exactement 12 € = vous **faites l'appoint**.
Vous n'avez pas l'appoint et vous donnez un billet de 20 €.
→ la caissière doit vous **rendre la monnaie** : 8 €.

Attention : ne confondez pas **avoir de la monnaie** (= avoir des pièces et des billets de faible valeur) et **avoir de l'argent** (= avoir une certaine somme, qui peut être importante).
→ On peut avoir de l'argent, mais ne pas avoir de monnaie pour prendre un café à une machine automatique, ou, au contraire, avoir de la monnaie, mais pas d'argent pour payer son loyer…

• Vous avez besoin d'une pièce de 1 € et vous avez 5 € :
→ vous devez **faire de la monnaie** (ici, plus exactement : **faire la monnaie de 5 €**).
→ vous demandez à quelqu'un : « *Est-ce que vous **avez la monnaie de 5 €**, s'il vous plaît ?* »

EXERCICES

1 Choisissez la bonne réponse.

1. Il met quelques pièces de 10 centimes dans son portefeuille / porte-monnaie .
2. Elle a un billet / une pièce de 50 € dans sa poche.
3. En France, la monnaie / l'argent est l'euro, maintenant.
4. Pour une petite somme, il préfère payer en liquide / en euros .
5. Il y a cent pièces / centimes dans un euro.
6. Vous avez / réglez l'appoint ?

2 Complétez.

1. Vous _______________ comment ?
2. J'ai besoin de _______________ pour payer mon parking.
3. Il voudrait acheter une baguette, mais il a seulement un _______________ de 100 €.
4. La vendeuse va lui _______________ la monnaie.
5. Ils sont assez riches, ils ont de _______________ .
6. Elle a exactement 4,23 €, elle a _______________ (ou _______________).

3 Vrai ou faux ?

	VRAI	FAUX
1. Si vous avez l'appoint, le commerçant vous rend la monnaie.	☐	☐
2. Il y a 100 euros dans un centime.	☐	☐
3. On met les pièces dans un porte-monnaie.	☐	☐
4. Si vous ne payez pas en liquide, vous payez en espèces.	☐	☐
5. Si vous avez de l'argent, vous avez de la monnaie.	☐	☐
6. Vous avez une pièce de 1 € et vous avez besoin d'une pièce de 0,50 € : vous allez faire de la monnaie.	☐	☐
7. Vous avez réglé la note = vous avez payé la note.	☐	☐
8. Si vous faites l'appoint, vous réglez nécessairement en espèces.	☐	☐

4 Trouvez un synonyme des termes soulignés.

1. Vous <u>payez</u> comment ? _______________
2. Vous avez <u>la monnaie</u> ? _______________
3. Vous payez <u>en espèces</u> ? _______________
4. Vous choisissez quel mode <u>de paiement</u> ? _______________

par chèque

On peut **payer par chèque** = **faire un chèque** : on **remplit** le chèque, puis on le **signe**.

- **Comment remplir un chèque ?**

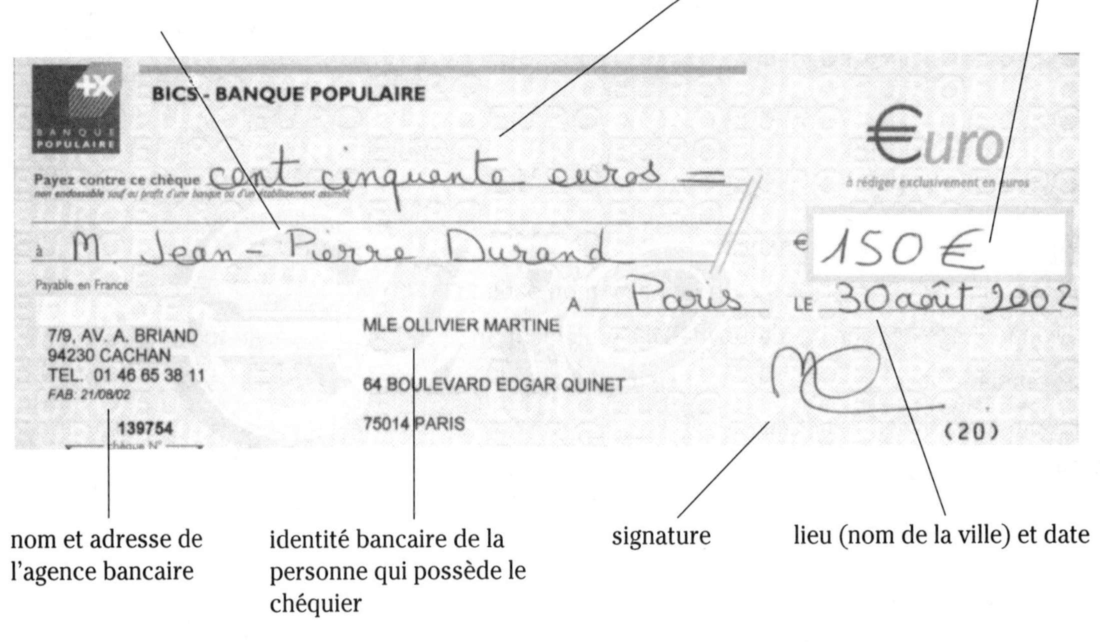

Remarque : Dans beaucoup de magasins, on ne remplit plus les chèques, c'est une machine qui le fait, mais on doit les signer.

par « carte bleue » (carte bancaire, carte de crédit)

Pour payer par carte, il faut connaître **son code secret** : un numéro à 4 chiffres.

Avec la carte bleue, on peut aussi **retirer** = **prendre** = **sortir** de l'argent aux **distributeurs automatiques**. Voici ce que vous dit l'appareil :

1. *introduisez votre carte*
2. *composez (ou : tapez) votre code secret, puis validez*
3. *choisissez votre montant*
4. *veuillez patienter*
5. *vous pouvez retirer votre carte*
6. *n'oubliez pas vos billets*
7. *merci de votre visite*

EXERCICES

1 Remplissez les chèques.

Vous faites un chèque au restaurant « L'Assiette gourmande » à Lille, le 2 mai 2002. Vous en avez pour 61,23 €.

Banque de Neuflize, Schlumberger, Mallet, Demachy
ABN·AMRO
CFTE : 257804694551
à rédiger exclusivement en euros
€
Payez contre ce chèque non endossable sauf au profit d'une banque ou d'un établissement assimilé
€
A
Payable en France
22 02 02
3, AVENUE HOCHE
75008 PARIS
TEL. 01.56.21.70.00
A
le
CPTE 02 M 4694551
MLLE SOPHIE RIVIÈRE
12, RUE DES ÉCOUFFES
75004 PARIS
Chèque n° 2753051
(35)

Vous achetez du fromage à la « Fromagerie Ganot » à Paris, le 3 juin 2002. Vous en avez pour 17,65 €.

Banque de Neuflize, Schlumberger, Mallet, Demachy
ABN·AMRO
CFTE : 257804694551
à rédiger exclusivement en euros
€
Payez contre ce chèque non endossable sauf au profit d'une banque ou d'un établissement assimilé
€
A
Payable en France
22 02 02
3, AVENUE HOCHE
75008 PARIS
TEL. 01.56.21.70.00
A
le
CPTE 02 M 4694551
MLLE SOPHIE RIVIÈRE
12, RUE DES ÉCOUFFES
75004 PARIS
Chèque n° 2753051
(35)

2 Complétez les dialogues avec les mots suivants :

appoint – code – espèces – carte – comment – combien – monnaie

1. – Je vous dois combien ?

– 29,23 €, madame, s'il vous plaît. Vous réglez _______________ ?

– Par _______________. Voilà.

– Vous pouvez taper votre _______________. (...) Merci, madame.

2. – Ça fait _______________ ?

– 16,94 €, monsieur. Vous réglez comment ?

– En _______________. Tenez.

– Vous n'auriez pas l'_______________, par hasard, je n'ai plus du tout de_______________.

– Si, vous avez de la chance.

VOUS ARRIVEZ EN FRANCE

• Vous allez à la banque ou à **un bureau de change** et vous **changez** de l'argent ou des **chèques de voyage**.
Au guichet, **l'employé de banque** vous demande de remplir un formulaire, puis vous allez à **la caisse** recevoir votre argent.

• **Quelques devises (= monnaies) étrangères :**
le dollar (USA) – la livre (GB) – le rouble (Russie) – le yen (Japon) – le franc CFA (certains pays d'Afrique)...

VOUS VOUS INSTALLEZ EN FRANCE

• Vous **ouvrez un compte courant** à la banque, ou à la Poste (CCP = compte courant postal). Vous pouvez demander **un carnet de chèques** (= **un chéquier**) et **une carte bancaire**.
Vous recevez régulièrement de la banque **un relevé de compte** qui indique toutes vos **opérations bancaires** et qui vous permet de **faire vos comptes** (de savoir combien vous avez **sur** votre compte.)

• Si vous avez « trop » d'argent, vous pouvez **épargner = économiser = mettre de l'argent de côté**, vous pouvez ouvrir **un compte d'épargne**.
Pour transférer de l'argent d'un compte sur un autre compte, vous faites **un virement** bancaire, vous **virez** une certaine somme sur un compte.
→ On reçoit parfois son salaire sous forme de virement.

• Si, au contraire, vous **dépensez** plus d'argent que ce que vous possédez sur votre compte, vous êtes **à découvert** : votre compte est **débiteur**, votre **solde** est négatif. Si vous faites un chèque et qu'il n'y a pas d'argent sur votre compte, vous faites **un chèque sans provision**.

• Quand on fait un gros achat, on ne dispose pas nécessairement de la somme totale pour **payer comptant** (= payer la somme totale immédiatement).
→ Soit on achète **à crédit** (= on paie en plusieurs fois), un canapé, par exemple.
→ Soit on **emprunte** de l'argent à la banque (= on **fait un emprunt** à la banque) pour acheter une maison, par exemple.
Ensuite, on **rembourse** son emprunt et on paie des **intérêts** (→ on rembourse plus que la somme empruntée).
Quand on a de l'argent sur un compte d'épargne, on **touche**, on **reçoit** des intérêts.

• Si vous empruntez de l'argent à quelqu'un, vous avez des **dettes**, vous **devez de l'argent à quelqu'un**.

EXERCICES

1 Éliminez l'intrus.

1. devise / argent / monnaie
2. emprunt / intérêt / virement
3. épargner / dépenser / économiser
4. à crédit / à découvert / sans provision
5. toucher / recevoir / changer

2 Choisissez l'expression qui convient.

1. Mon compte est débiteur.

Je suis
a. ☐ découvert.
b. ☐ sur découvert.
c. ☐ à découvert.

2. Je paie en plusieurs fois.

Je paie
a. ☐ en crédit.
b. ☐ à crédit.
c. ☐ par crédit.

3. Je paie immédiatement la somme totale.

Je paie
a. ☐ content.
b. ☐ à comptant.
c. ☐ comptant.

4. Vous n'avez ni argent liquide ni carte bleue, heureusement, vous pouvez
a. ☐ faire un chèque.
b. ☐ écrire un chèque.
c. ☐ mettre un chèque.

3 Que faites-vous dans les situations suivantes ?

1. Vous êtes en France, vous avez des dollars et vous avez besoin de francs.

____

2. Vous avez des problèmes d'argent, mais un ami vous propose de vous aider.

____

3. Vous achetez un ordinateur : vous n'avez que la moitié de la somme, mais le marchand vous propose de payer en cinq fois.

____

4. Vous ne dépensez pas tout votre salaire et vous voulez, dans deux ans, acheter une voiture.

____

5. Vous devez de l'argent à une amie. Vous n'avez plus de problèmes d'argent depuis que vous avez trouvé un travail.

____

6. Vous voulez transférer de l'argent d'un compte d'épargne sur un compte courant.

____

QUELQUES EXPRESSIONS ET LEURS CONTRAIRES

retirer, sortir de l'argent	≠	verser, mettre de l'argent sur son compte, alimenter, approvisionner son compte – verser des espèces – déposer, encaisser un (des) chèque(s)
un compte débiteur	≠	un compte créditeur
emprunter	≠	prêter
dépenser	≠	économiser, épargner
les dépenses	≠	les revenus, les rentrées d'argent

Les revenus et les dépenses constituent **le budget**. → Le budget familial, un petit, un gros budget…

L'ARGENT QUE L'ON GAGNE / QUE L'ON REÇOIT / QUE L'ON PERÇOIT

le revenu → le terme général (un revenu mensuel de 1 500 €)
(on paie à l'État des **impôts** sur le revenu)
le salaire → quand on est payé par un employeur
les honoraires → quand on travaille à son compte
les bénéfices → un commerçant, une société font des bénéfices
(→ **partager des bénéfices**)
… et enfin, **l'argent de poche**, quand on est trop jeune pour gagner de l'argent.

L'HOMME ET L'ARGENT…

- Quand on a beaucoup d'argent, on est **riche**, **fortuné**, on **« roule sur l'or* »**.
- Quand on a assez d'argent pour vivre facilement, mais qu'on ne roule pas sur l'or, on est **aisé**.
- Quand on gagne peu d'argent, on a des revenus **modestes**, on a de **petits moyens**.

« Je n'ai pas les moyens de partir en vacances. » → **avoir les moyens de…**
- Quand on n'a pas d'argent, on est **pauvre**, **fauché***, on **n'a pas un sou**.
- Quand on aime dépenser l'argent, on est **dépensier**(-ère).
- Quand on achète des choses inutiles, on **jette l'argent par les fenêtres**.
- Quand on ne veut pas dépenser son argent et qu'on passe son temps à compter, on est **avare**, **près de ses sous**, **radin***.
- Quand on dépense facilement pour les autres, on est **généreux** :

« Quand on aime, on ne compte pas. »

EXERCICES

1 **Complétez les phrases à l'aide des groupes de mots suivants :**

par les fenêtres – au distributeur automatique – dans son porte-monnaie – sur un compte courant – par carte bleue

1. On verse de l'argent ______________________________.
2. On paie ______________________________.
3. On met ses pièces et ses billets ______________________________.
4. On retire de l'argent ______________________________.
5. On jette l'argent ______________________________.

2 **Complétez les phrases à l'aide des mots suivants :**

carte – chèque – code – euros – compte

1. Composez votre ______________ secret.
2. J'ai ouvert un ______________ à la banque.
3. Ça fait douze ______________ cinquante.
4. Je peux vous faire un ______________ ?
5. Introduisez votre ______________.

roule – perçoit – dépose – dépense – rembourse

6. Il ______________ un chèque au guichet.
7. Elle ______________ ses dettes.
8. Un avocat ______________ des honoraires.
9. Il ______________ son argent de poche.
10. Elle ______________ sur l'or.

3 **Associez.**

1. Elle achète sans arrêt des vêtements très chers qu'elle ne porte jamais.
2. Quand ils ont un peu d'argent, ils le dépensent très vite et très facilement.
3. Elle aime beaucoup offrir des cadeaux à ses amis et les inviter au restaurant.
4. Un groupe d'amis organise un grand dîner pour fêter les vacances. Laura propose d'apporter une demi-baguette de pain.
5. Elle vient d'une famille très riche et elle gagne des fortunes.
6. Ils n'ont pas de problèmes d'argent ; ils peuvent partir en vacances sans compter.
7. Ils sont tous les deux ouvriers. Ils arrivent à vivre mais sont obligés de faire attention à l'argent.

a. Elle est très généreuse.
b. Elle roule sur l'or.
c. Ils sont aisés.
d. Ils n'ont pas les moyens de partir en vacances tous les ans.
e. Elle jette l'argent par les fenêtres.
f. Ils sont dépensiers.
g. Elle est près de ses sous.

1. ________ 2. ________ 3. ________ 4. ________ 5. ________ 6. ________ 7. ________

COMMERCES – COMMERÇANTS

> Dans la plupart des cas, il existe le nom du commerçant (au masculin et au féminin) et le nom du commerce. La langue courante privilégie l'un ou l'autre. (Le nom du commerce est ici en italique.)

COMMERCES ALIMENTAIRES : QUI VEND QUOI ?

Le boucher (-ère) ***la boucherie***	De la viande de bœuf (un bifteck, un rosbif, une entrecôte, un steack haché), d'agneau (une côtelette, un gigot), de veau (un rôti, une escalope), de porc (un rôti, une côtelette). De la volaille (un poulet, un canard, une dinde) et… des lapins !
Le charcutier (-ère) ***la charcuterie***	De la viande de porc (du saucisson, du pâté, de la saucisse, du jambon cuit, cru ou fumé, du lard fumé).
Le boulanger (-ère) ***la boulangerie***	Du pain (une baguette, un pain de campagne), des viennoiseries (un croissant, un pain au chocolat, une brioche…).
Le pâtissier (-ère) ***la pâtisserie***	Un gâteau, une tarte, une quiche, une glace, des bonbons…
Le poissonnier (-ère) ***la poissonnerie***	Du poisson (la truite, le saumon, le thon), des fruits de mer (des crevettes, du homard, du crabe, des coquillages comme les moules, les huîtres…).
Le fromager ***la fromagerie***	365 sortes de bons fromages ! (le camembert, le brie, le roquefort, le cantal, le fromage de chèvre…), du lait, de la crème…
L'épicier (-ère) ***l'épicerie***	Les mêmes produits qu'au supermarché, mais dans un magasin plus petit et avec un service souvent plus personnalisé.
Le marchand de fruits et de légumes	Des fruits et des légumes ! (voir chapitre 8)… et aussi des fines herbes (basilic, persil, estragon, ciboulette, menthe…)
Le marchand de vin	Du vin blanc, rouge, rosé (bordeaux, bourgogne, alsace, côtes du Rhône, etc.). Des apéritifs (pastis, whisky, gin, vodka, muscat, porto), des digestifs (cognac, armagnac, Grand Marnier, Cointreau, calvados).

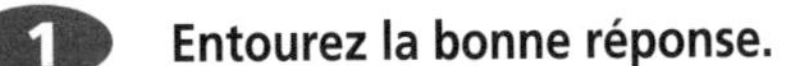

EXERCICES

1 Entourez la bonne réponse.

1. Je vais | à la librairie | à l'épicerie | pour acheter du lait et du jus d'orange.
2. J'achète du saucisson chez | le charcutier | le boulanger |.
3. La | pâtisserie | boulangerie | vend du bon pain de campagne.
4. On peut acheter | des cravates | des crevettes | chez le poissonnier.
5. Il demande trois côtelettes d'agneau | au charcutier | au boucher |.
6. Il achète | une broche | une brioche | à la boulangerie.
7. Nous trouvons des escalopes chez | le boucher | le poissonnier |.

2 Corrigez les erreurs dans les phrases suivantes.

1. L'épicier vend seulement des épices. ____________________
2. Le poissonnier vend du poison. ____________________
3. Le pâtissier vend du pâté. ____________________
4. Le fromager vend seulement du fromage de vache. ____________________
5. Le charcutier vend des champignons. ____________________
6. Le poissonnier vend des fruits. ____________________
7. Le marchand de vin vend du raisin. ____________________
8. Le boucher vend des bonbons. ____________________

3 Éliminez l'intrus.

1. poulet / canard / porc / dinde
2. pain / croissant / brioche / pain au chocolat
3. Bordeaux / Bretagne / Bourgogne / Alsace
4. crabe / truite / saumon / thon
5. tarte / glace / gâteau / baguette
6. beurre / camembert / brie / roquefort
7. saucisson / jambon / pâté / pâtisserie
8. bleu / blanc / rouge / rosé
9. épicier / épice / épicière / épicerie

AUTRES COMMERCES

Le pharmacien (-ienne) ***la pharmacie***	Des médicaments (certains en vente libre, d'autres vendus « sur ordonnance » du médecin), du matériel médical, des produits de beauté...
Le libraire ***la librairie***	Des livres (d'art, de photo, de cuisine, de littérature...), des livres scolaires, des livres de poche, des livres pour enfants, des dictionnaires, des guides touristiques, des revues littéraires...
La papeterie	Des cahiers, des enveloppes, du papier à lettres, des stylos, des dossiers, des classeurs, de la colle...
Le marchand de journaux	Des journaux (quotidiens), des magazines (hebdomadaires ou mensuels), des revues...
Le fleuriste	Des fleurs fraîches, sèches ou artificielles, des plantes vertes...
Le coiffeur (-euse)	Pour se faire couper les cheveux, se faire coiffer ou teindre (= colorer), se faire faire une permanente, un brushing...
La parfumerie	Du parfum, une eau de toilette, un produit de beauté, du maquillage...
Le bijoutier (-ière) ***la bijouterie***	Des bijoux (un bracelet, une bague, une boucle d'oreille, une chaîne, un collier...), des montres...
Le teinturier (-ière) ***la teinturerie / le pressing***	Pour le lavage et le nettoyage à sec des vêtements et du linge.
Le marchand de chaussures	Des chaussures, des bottes, des sandales, des pantoufles...
La boutique de vêtements	Des vêtements (voir chapitre 12).
Le buraliste ***le bureau de tabac***	Des cigarettes, des cigares, des timbres-poste, des billets de loto et autres jeux, des timbres fiscaux, des tickets de bus...

1 **De quel commerce ces personnes sortent-elles ?**

1. Elle sort de chez ____________________.

2. Ils viennent de la ____________________.

3. Il vient du ____________________.

4. Il est allé chez ____________________.

2 **Dans les cinq phrases suivantes, les expressions en italique ne sont pas à leur place. Remettez-les en ordre.**

1. J'ai acheté un magazine sur les plantes *chez le fleuriste* et de l'aspirine *au bureau de tabac*.

____

2. René a choisi des bottes *chez le coiffeur* et a porté son pantalon *à la parfumerie*.

____

3. Christian a acheté un livre d'art *chez le marchand de chaussures* et des cigarettes *à la pharmacie*.

____

4. Michel a trouvé du parfum pour sa femme *chez le teinturier* et un joli bracelet *à la librairie*.

____

5. Alice a acheté un bouquet *chez le marchand de journaux* et s'est fait coiffer *chez le bijoutier*.

____

3 **Lisez le texte suivant puis identifiez l'itinéraire suivi par Éléonore.**

Éléonore sort ce soir ! D'abord elle se fait couper les cheveux, puis elle s'achète un flacon de son parfum favori. Ensuite, elle va chercher sa belle robe bleue qu'elle a fait nettoyer et passe acheter un superbe bouquet pour l'homme de sa vie…

1. ☐ parfumerie – fleuriste – coiffeur – pressing
2. ☐ coiffeur – parfumerie – boutique de vêtements – fleuriste
3. ☐ coiffeur – parfumerie – pressing – fleuriste
4. ☐ coiffeur – pharmacie – pressing – fleuriste

LES GRANDES SURFACES – LES GRANDS MAGASINS – LES MARCHÉS

• Les « **grandes surfaces** » sont d'immenses **supermarchés**, situés à la périphérie des villes. Elles vendent des produits de consommation courante (alimentation, vêtements, lessive, équipements de sport, livres, disques...). Leurs prix sont en général plus bas que dans les petits commerces.

• Sur les **marchés**, beaucoup plus pittoresques et très animés, on trouve des produits frais, souvent **appétissants** et bien présentés. Les marchands servent les clients qui remplissent leur **panier**.

• Les « **grands magasins** » (Galeries Lafayette, Printemps...), situés au centre ville, vendent surtout des vêtements, de la parfumerie, de la lingerie, des bijoux, de l'électro-ménager, de la vaisselle, des meubles...

• Quand le client fait les courses dans une grande surface, il cherche dans les différents **rayons** (vêtements, viande, etc), regarde les prix sur les **étiquettes**, achète des produits en **promotion** ou en **solde**. Il remplit **son chariot** et va à **la caisse** pour régler. Il peut demander **la livraison à domicile** de ses **achats**.

• Dans un grand magasin, on commence par regarder les **vitrines**, puis on demande des renseignements au **vendeur** ou à la **vendeuse**. Quand c'est « **pour offrir** », on peut demander **un paquet-cadeau**, et le vendeur **emballe** l'objet dans un joli papier.

FAIRE LES COURSES

On peut acheter...

un morceau de fromage, de viande...
un pot de confiture, de crème...
une botte d'oignons, de radis, de carottes...
un tube de dentifrice, de concentré de tomate...
une bouteille d'huile, de lait, d'eau...
une plaque de beurre, de chocolat...
une tranche (fine, épaisse) de jambon...
un paquet de biscuits, de sucre...
un sac de pommes de terre...
une boîte de thon, de petits pois...
un flacon de parfum, d'eau de toilette...
une barquette de fraises, de framboises...

1 Vrai ou faux ?

	VRAI	FAUX
1. Les « grandes surfaces » sont vraiment grandes.	☐	☐
2. Les petits commerces sont moins chers que les grandes surfaces.	☐	☐
3. Les grandes surfaces se trouvent généralement au centre ville.	☐	☐
4. On peut acheter une voiture dans un grand magasin.	☐	☐
5. Les marchés sont agréables à regarder.	☐	☐
6. On peut acheter des fruits et des légumes sur les marchés.	☐	☐
7. Les grands magasins se trouvent à l'extérieur des villes.	☐	☐

Chez l'épicier. Choisissez dans la liste le mot qui convient :

sac – bouteille – tube – tranches – pot – morceau – boîte – paquet – botte – flacon

1. Un ________________ de miel.
2. Une ________________ de poireaux.
3. Un ________________ de brie.
4. Trois ________________ de lard.
5. Un ________________ de pommes de terre.
6. Un ________________ de riz.
7. Une ________________ de vin rosé.

Complétez avec les mots ou expressions de la liste.

vendeur – l'étiquette – ~~cliente~~ – la caisse – paquet-cadeau – emballe – régler

1. La *cliente* a acheté un vase pour l'offrir à des amis. Elle va à ______________ pour ______________, puis elle demande au ______________ de lui faire un ______________. Il enlève ______________ où le prix est marqué et il ______________ le vase dans un beau papier.

chariot – achats – surface – une livraison – la caisse – ~~courses~~

2. Les Duroux ont fait leurs *courses* dans une grande ______________. Ils arrivent à ______________ pour régler leurs ______________. Leur ______________ est plein. Ils vont demander ______________ à domicile.

Quelle quantité ?

un kilo (= 1 000 g)	un litre
une livre (= 500 g)	un demi-litre
une demi-livre (= 250 g)	un quart de litre
une dizaine (de) (= 10)	la moitié (de) (= 1/2)
une douzaine (de) (= 12)	

Remarque : On dit plus souvent « une livre » que « un demi-kilo ».

Comment demander un produit ?

Je voudrais un kilo de tomates bien mûres, s'il vous plaît.
Vous pouvez me donner une livre de cerises, s'il vous plaît ?
Est-ce que vous avez du lait frais ?
Il me faudrait trois stylos bleus.
Vous n'avez pas de tarte aux pommes, aujourd'hui ?
Est-ce que vous auriez des stylos-feutres violets ?

Comment demander le prix ?

Quel est le prix des chaussures noires qui sont dans la vitrine, s'il vous plaît ?
Vous pouvez me dire le prix de ce parfum ?
(les poivrons) Ils **font combien** ?* / Ils **sont à combien** ?*
Combien coûte ce gâteau aux poires, s'il vous plaît ?
(pour un seul objet) **Ça coûte combien** ? / **C'est combien** ?
(pour un total) **Ça fait combien** ?
Je vous dois combien ?

Comment commenter le prix ?

C'est / ça coûte (un peu) (trop) cher	≠	**Ce n'est pas / ça ne coûte pas (trop) cher.**
Ce n'est pas donné !	≠	**C'est donné !**
Ça coûte « les yeux de la tête* » !	≠	**C'est raisonnable.**
Ça coûte une fortune !	≠	**Ça ne coûte rien.**

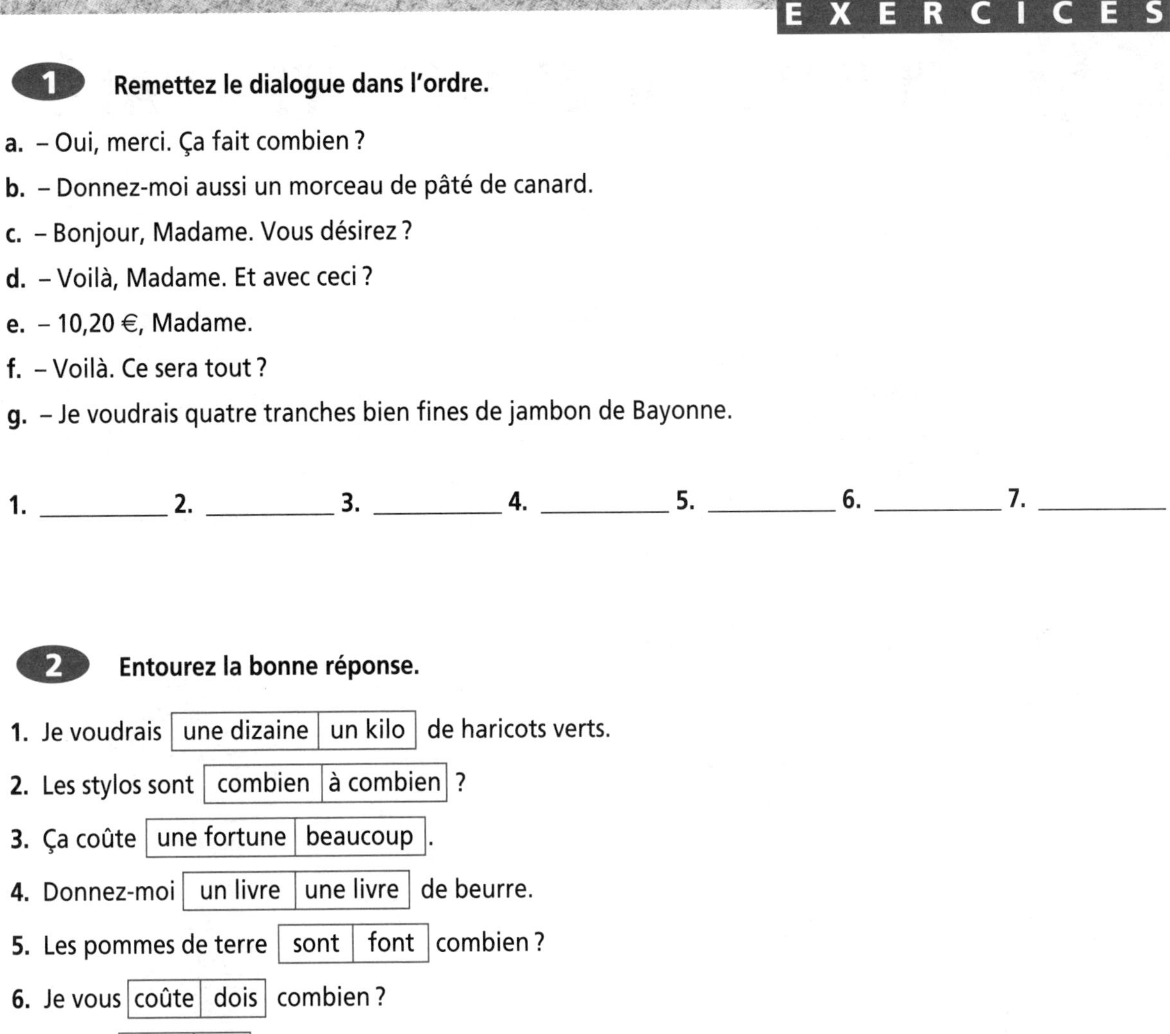

EXERCICES

1 Remettez le dialogue dans l'ordre.

a. – Oui, merci. Ça fait combien ?

b. – Donnez-moi aussi un morceau de pâté de canard.

c. – Bonjour, Madame. Vous désirez ?

d. – Voilà, Madame. Et avec ceci ?

e. – 10,20 €, Madame.

f. – Voilà. Ce sera tout ?

g. – Je voudrais quatre tranches bien fines de jambon de Bayonne.

1. ________ 2. ________ 3. ________ 4. ________ 5. ________ 6. ________ 7. ________

2 Entourez la bonne réponse.

1. Je voudrais | une dizaine | un kilo | de haricots verts.
2. Les stylos sont | combien | à combien | ?
3. Ça coûte | une fortune | beaucoup |.
4. Donnez-moi | un livre | une livre | de beurre.
5. Les pommes de terre | sont | font | combien ?
6. Je vous | coûte | dois | combien ?
7. Ça ne | coûte | fait | rien.

3 Révision. Chez quels commerçants pourrez-vous entendre les phrases suivantes ?

1. « Les huîtres sont à combien ? » → Chez le ________
2. « Vous avez reçu *Le Monde* d'aujourd'hui ? » → ________
3. « Il me faudrait une belle tarte aux prunes. » → ________
4. « Trois tranches fines, s'il vous plaît ! » → ________
5. « Il fait combien, ce muscat ? » → ________
6. « Vous préférez des rouges ou des jaunes ? » → ________
7. « C'est pour offrir ? » → ________
8. « Où sont les chariots, s'il vous plaît ? » → ________
9. « Un petit ou un grand flacon ? » → ________
10. « Vous avez une ordonnance ? » → ________

22 CUISINE – RESTAURANT – CAFÉ

FAIRE LA CUISINE

Les Français sont réputés **gourmands**, c'est-à-dire qu'ils apprécient **la bonne cuisine**, et beaucoup d'entre eux aiment **faire la cuisine**. Ils utilisent des **livres de cuisine** et échangent facilement les **recettes** de leurs plats favoris. **Un bon cuisinier** ou **une bonne cuisinière** est **un** vrai **« cordon-bleu »**. Quand on fait la cuisine professionnellement, on est **« chef cuisinier »**.
N'oublions pas que « la cuisinière » est aussi un équipement électro-ménager qui permet de faire la cuisine, précisément…

QUELQUES USTENSILES DE CUISINE

EXERCICES

1 **Entourez la bonne réponse.**

1. Nous faisons cuire les légumes dans une cocotte- [vapeur | minute].
2. Pour faire un gâteau, j'utilise [un moule | une moule].
3. Je pose [un couvercle | une couverture] sur la casserole.
4. [La manche | Le manche] du couteau est en bois.
5. Pour faire du café, on utilise [une cafetière | un moulin à café].
6. J'apporte les verres pour l'apéritif sur [un plateau | un plat].
7. L'eau du riz passe dans [un passage | une passoire].

2 **De quels ustensiles ces personnes auront-elles besoin ?**
Choisissez-en un par personne parmi les quinze suivants.

un couvercle – une planche à découper – un saladier – une louche – une cocotte-minute – un moule – une balance – ~~une poêle~~ – une casserole – un plat – un batteur – un moulin à café – un presse-agrumes – une passoire – un grille-pain – une bouilloire

1. Delphine veut faire des crêpes. → *une poêle*
2. Claire prépare un gâteau au chocolat. → ____________________
3. Jean est très pressé, et doit faire cuire des légumes très vite. → ____________________
4. Sébastien met du lait à chauffer. → ____________________
5. Charlotte a fait cuire le riz et doit maintenant enlever l'eau. → ____________________
6. Anne doit monter des œufs en neige. → ____________________
7. Olivier voudrait couper la viande en morceaux. → ____________________
8. Christian prépare des oranges pressées. → ____________________
9. Vincent voudrait peser de la farine. → ____________________
10. Réjane sert la soupe. → ____________________

3 **Complétez par les mots suivants :**

cuisine (deux fois) – *cuisinier* – *cuisinière*

Benjamin a une ______________ à gaz dans sa ______________. C'est un excellent ______________, qui fait très bien la ______________.

LES REPAS À LA MAISON

Le petit déjeuner (le matin)

On mange en général des **tartines**, c'est-à-dire **du pain beurré** (de **la baguette** ou une tranche de **pain de campagne**), avec éventuellement de **la confiture** ou **du miel**. On prend une boisson chaude (café, lait, thé) que l'on boit dans **un** grand **bol** ou dans **une tasse**. Certains **prennent** des céréales, des **œufs à la coque** (cuits à l'eau), servis dans des **coquetiers**, et boivent du jus de fruit frais. **Les croissants**, grande spécialité française, se mangent souvent dans les bistrots, ou à la maison pour une occasion spéciale (le dimanche, par exemple).

Le déjeuner (entre 12 h et 14 h)

Il comporte en général **une entrée**, **un plat** de viande ou de poisson accompagné de légumes et un fromage ou **un dessert** (un yaourt, un fruit constituent des desserts courants à la maison).

Le goûter

C'est un petit repas pour les enfants qui sortent de l'école et qui ressemble beaucoup au petit déjeuner. Souvent aussi, les mamans achètent **un pain au chocolat** ou **une brioche** à la pâtisserie du coin.

Le dîner

Il a en général la même structure que le déjeuner, mais il comportera peut-être **une soupe** (**un potage**) de légumes en hiver.

EXERCICES

1 **Le petit déjeuner, un matin comme les autres...**
Complétez le dialogue avec les mots suivants :

cafetière – lait – beurre – miel – ~~le petit déjeuner~~ – bol – pain – café – de la confiture

Christine : Chéri, *le petit déjeuner* est prêt ?
Richard : Oui, mais je ne trouve pas le ____________________ !
Christine : Il est dans le frigo, dans un beurrier jaune.
Richard : Est-ce que tu veux ____________________ de framboise ?
Christine : Oui, mais je voudrais aussi du ____________________. Le ____________________ est prêt ?
Richard : Oui, la ____________________ est sur la table. Je te le verse maintenant ?
Christine : Oui, un grand ____________________, s'il te plaît, mais sans ____________________, je le préfère noir, aujourd'hui. Dis, chéri, il y a du ____________________ frais ?
Richard : Oh, zut, il n'y en a plus ! Bon, je descends à la boulangerie. Je reviens tout de suite !

2 **Complétez cet extrait de lettre avec les mots de la liste.**

[...] et nous avons pique-niqué. J'avais emporté une ____________ à carreaux que nous avons mise sur l'herbe... Nous avons mangé dans des ____________ en carton avec des ____________ en plastique. Difficile de couper le pain avec un ____________ en plastique ! Nous avons bu du bon vin dans des ____________ en plastique aussi, ce qui a amusé Olivier. À vrai dire, seule la ____________ de vin était en verre. Comme d'habitude, j'avais oublié quelque chose. Cette fois-ci, c'étaient les ____________ en papier. Nous avons dû utiliser nos mouchoirs. Après ça, nous [...]

- bouteille
- couteau
- serviettes
- nappe
- assiettes
- couverts
- verres

3 **Quel objet utilise-t-on ? Associez.**

1. café	a. carafe
2. œuf	b. corbeille
3. vin	c. bol
4. pain	d. plateau
5. eau du robinet	e. coquetier
6. fromage	f. bouteille

AU RESTAURANT

• Aux repas principaux, beaucoup de gens boivent régulièrement du vin (parfois de la bière). Les **gastronomes** savent choisir le vin qui va avec le plat (par exemple, **un** bon **vin blanc sec** avec du poisson, du **vin rouge** avec les viandes et le fromage et **un rosé bien frais** l'été, quand il fait chaud).

• On boit aussi beaucoup d'eau : les Français sont de grands **consommateurs** d'**eau minérale en bouteille**, alors que l'eau du robinet est parfaitement **potable** (c'est-à-dire qu'on peut la boire). Il y a toujours **une carafe d'eau** sur les tables de restaurant.

• À la fin du repas, on boit un café fort **(un express)**, ou, le soir, **une infusion (verveine, menthe...)**.

• Avant le repas, on peut prendre **un apéritif** (kir, porto, muscat, whisky, gin, etc.) qui est toujours accompagné d'**amuse-gueule** (cacahuètes, pistaches, biscuits d'apéritif, olives, etc.) pour éviter d'avoir « **la tête qui tourne** ».

• Après le repas, on peut déguster **un digestif**, c'est-à-dire un alcool fort comme le cognac, l'armagnac, la prune…

• **Aller au restaurant** constitue en général **une** « **sortie** », c'est-à-dire un plaisir comme le théâtre, ou le concert. Le repas dure alors assez longtemps pour permettre les conversations amicales.

• La plupart des restaurants proposent **la carte, la carte des vins** et des **menus à prix fixes**. **Le service est compris** dans le prix, mais il est d'usage de laisser **un pourboire**.

• On ne partage pas systématiquement le coût de **l'addition**. Il arrive que **le serveur** apporte l'addition et que plusieurs personnes se disputent pour régler (« *C'est pour moi ! – Non, c'est moi qui invite !* »). On peut annoncer, avant le repas : « *Je vous / t'invite* », ce qui veut dire clairement que l'on paiera l'addition.

• Vous pouvez **réserver une table** dans **un petit restaurant**, où **la cuisine est bonne**, et où **le décor est agréable**. En France, les menus sont parfois compliqués, et la carte difficile à comprendre… N'hésitez pas à demander des explications **au maître d'hôtel** (dans les restaurants chics), **au serveur** ou à **la serveuse**, qui **prennent la commande** et **servent les clients**. Vous pouvez aussi manger agréablement dans l'une des nombreuses **crêperies** que l'on trouve partout en France.

1 À propos des boissons. Entourez la bonne réponse.

1. Les Français boivent souvent du café | une infusion | du vin pendant les repas.
2. Le cognac est un digestif | un apéritif | un vin de table.
3. On boit un café avant | après | pendant le repas.
4. La verveine est un thé | une infusion | un jus.
5. L'eau du robinet est buvable | comestible | potable.
6. Le kir est un apéritif | un digestif | un vin.
7. Le vin blanc peut être dur | sec | brut.

2 Devinette : de quoi parle-t-on ?

1. On la demande à la fin du repas au restaurant. C'est ____________
2. On en laisse un si on est content. C'est ____________
3. Il accueille les clients dans les restaurants élégants. C'est ____________
4. On le boit après le déjeuner. C'est ____________
5. On la lit pour choisir le vin. C'est ____________
6. On la sert en carafe ou en bouteille. C'est ____________
7. Il est blanc, rouge ou rosé. C'est ____________
8. Il est compris dans le prix du plat. C'est ____________
9. On les mange avec l'apéritif. Ce sont ____________

3 Répondez librement aux questions. Dans votre pays…

- Est-ce que les repas durent longtemps, en général ?

____

- Qu'est-ce qu'on mange pendant un bon repas de famille ?

____

- Qu'est-ce qu'on boit pendant les repas ?

____

- Est-ce qu'on boit beaucoup d'eau ?

____

- Est-ce qu'on laisse un pourboire au serveur ?

____

AU CAFÉ

Il y a partout des cafés et des **bistrots***, en France, même dans de très petits villages. Aller au café constitue une distraction. Un client peut rester plusieurs heures à une table de café, et quand il fait beau, **à la terrasse**, avec **une** simple **consommation**.

BUFFET		BOISSONS	
SANDWICH *(au jambon, au fromage, au pâté...)*	3,00 €	CAFÉ	1,00 €
CROQUE-MONSIEUR	3,80 €	DÉCA *(un café décaféiné)*	1,10 €
OMELETTE *(au jambon, au fromage, aux pommes de terre)*	4,50 €	CAFÉ CRÈME	1,80 €
ASSIETTE DE FRITES	3,10 €	THÉ *(nature, au lait, au citron)*	2,50 €
PIZZA	4,80 €	CHOCOLAT CHAUD	2,30 €
QUICHE LORRAINE	3,50 €	DEMI PRESSION *(bière)*	2,30 €
ASSIETTE DE CRUDITÉS *(carottes, concombres... crus)*	3,50 €	JUS DE FRUIT	1,90 €
		EAU MINÉRALE	1,90 €
		INFUSION *(de verveine, de menthe...)*	2,50 €

POUR ALLER PLUS LOIN

La cuisine et le restaurant constituent en France un important sujet de conversation. Il est toujours poli de complimenter la maîtresse de maison sur son dîner.

Voici des convives heureux...

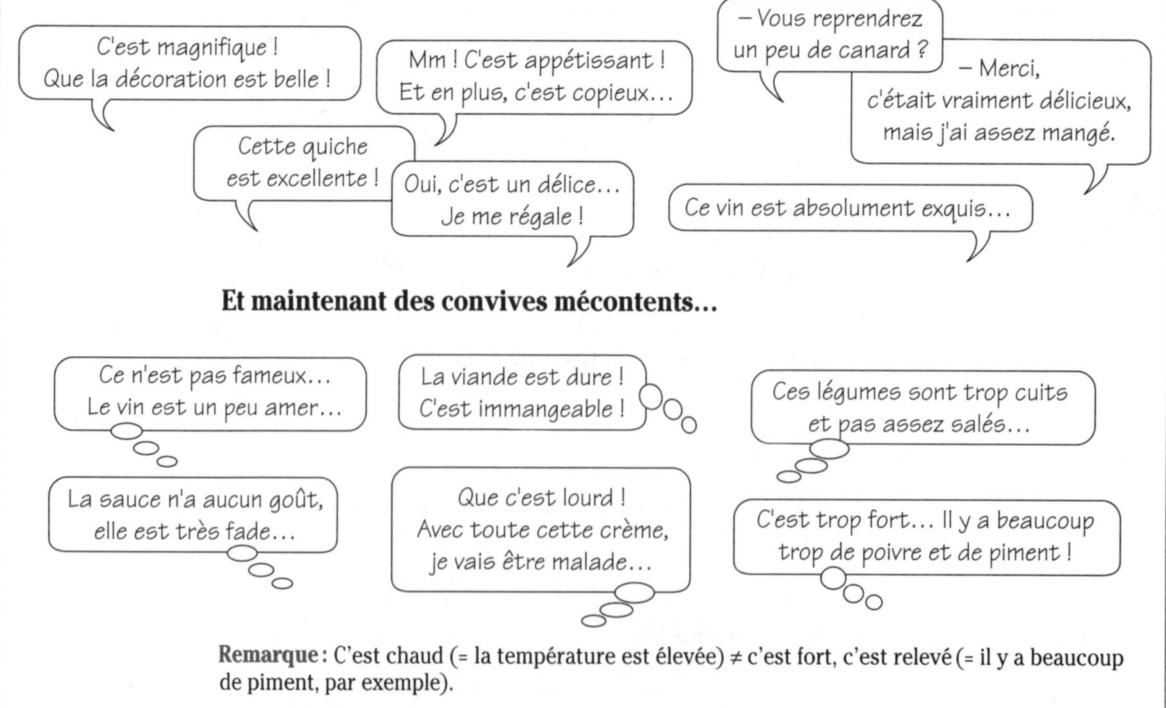

Remarque : C'est chaud (= la température est élevée) ≠ c'est fort, c'est relevé (= il y a beaucoup de piment, par exemple).

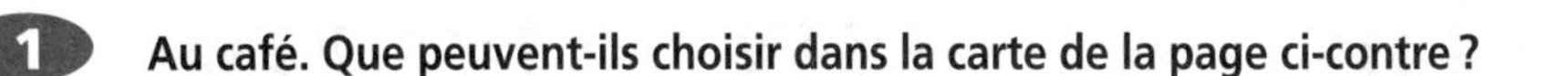

EXERCICES

1 Au café. Que peuvent-ils choisir dans la carte de la page ci-contre ?

1. Nicolas a très soif, mais ne prend pas d'alcool.

____

2. Sébastien voudrait manger, mais il n'a que 3 € en poche.

____

3. Léa est végétarienne et voudrait un plat chaud.

____

4. Qu'est-ce que Fabrice peut boire, avec seulement 1,50 € en poche ?

____

5. Barbara est au régime, elle ne peut manger que des choses légères.

____

**Où peut-on entendre les phrases suivantes :
au café ? au restaurant ? au café et au restaurant ?**

Exemple : Nous n'avons plus de sandwich au pâté. → *Au café*

1. Bonjour Messieurs-Dames, vous avez réservé ? → ______
2. Où sont les toilettes, s'il vous plaît ? → ______
3. Un demi, pour moi. → ______
4. Qu'est-ce que vous nous conseillez comme vin ? → ______
5. Je vais prendre des crêpes flambées au Grand Marnier. → ______
6. Est-ce que je peux téléphoner ? → ______
7. Un thé au lait et deux jus de pomme. → ______
8. Vous désirez un apéritif ? → ______
9. Un sandwich au fromage et un croque-monsieur. → ______

3 Classez les adjectifs suivants :

lourd – délicieux – excellent – appétissant – dur – fade – trop cuit – immangeable – exquis

plutôt positif	plutôt négatif
______	*dur,* ______
______	______
______	______

23 LOISIRS – JEUX – SPORTS

LE TEMPS LIBRE

• **Le temps libre**, **le loisir** est le temps dont on dispose en dehors de l'école, de la fac, du travail (en général, le soir et le week-end).
→ On **consacre** son temps libre, ses loisirs à des **activités de loisir** (les loisirs désignent souvent les activités elles-mêmes).
Si on **s'ennuie**, si on trouve le temps long, on essaie de **s'occuper**, de trouver **une occupation**, une activité.

À la maison

Les enfants **jouent** avec des **jouets** :

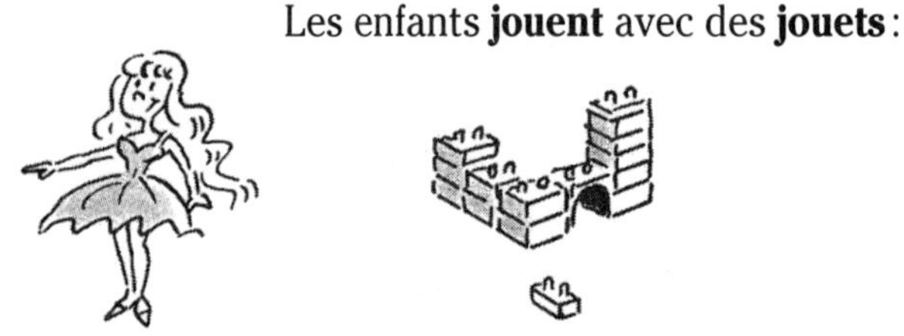

une poupée Barby — un jeu de construction — une panoplie d'Indien — un train électrique

Les plus grands aiment parfois les **jeux de société**. Ils jouent :

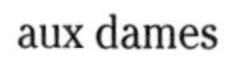

aux dames — aux échecs — aux cartes — aux dés

On **joue aux** cartes... = on **fait une partie de** cartes...
Certaines personnes aiment **faire du tricot** (= **tricoter** un pull over), de **la couture** (= **coudre** un vêtement), **du bricolage** (= **bricoler** avec des outils)...

Sortir

On profite parfois de son temps libre pour **aller faire un tour**, **aller se balader** (= aller **se promener**), **faire du lèche-vitrines** (= aller voir les vitrines des magasins)... Ou bien on **va au spectacle**, **au cinéma**, **au musée**, **au restaurant**, ou encore on **emmène les enfants au cirque**, **au zoo**, **au spectacle de marionnettes**. Les jeunes aiment parfois **aller danser** = **aller en discothèque** = **sortir en boîte***. Ils organisent aussi des soirées et **font la fête**.
– *Qu'est-ce que tu fais samedi ?*
– *Samedi, il y a une soirée chez Éléonore. Tu veux venir ?*

EXERCICES

1 Vrai ou faux ?

	VRAI	FAUX
1. Un jeu de construction est un jeu de société.	☐	☐
2. À Noël, on offre des jouets aux enfants.	☐	☐
3. On joue tout seul aux dames.	☐	☐
4. Elle aime aller voir les vêtements dans les vitrines des magasins : le lèche-vitrines fait partie de ses loisirs.	☐	☐
5. Beaucoup de petites filles aiment jouer à la poupée.	☐	☐
6. Doris ne sait pas quoi faire le dimanche : elle s'ennuie.	☐	☐
7. Alice et Antoine avaient envie de se promener : ils sont donc sortis en boîte.	☐	☐

2 Trouvez un mot ou une expression synonyme du mot ou de l'expression en italique.

1. Elsa consacre ses *loisirs* en grande partie à la lecture.
→ Elsa consacre son ________________ en grande partie à la lecture.

2. Samedi dernier, on a *fait une partie* de cartes, et vous ?
→ Samedi dernier, on a ________________ aux cartes, et vous ?

3. Nous, on est *allés en discothèque*.
→ Nous, on est ________________.

4. Demain, on va *se balader* en forêt, vous voulez venir avec nous ?
→ Demain, on va ________________ en forêt, vous voulez venir avec nous ?

Mettez en ordre les phrases suivantes.

1. allés / un tour. / nous sommes / Hier, / faire /

____

2. mon grand-père / ma grand-mère / bricole. / du tricot et / Pour s'occuper, / fait /

____

3. au spectacle / Antoine et Denise / leurs petits-enfants / de marionnettes. / ont emmené

____

4. ont fait / leurs copains. / de cartes / Ève et Damien / une partie / avec /

____

5. en boîte. / nous avons / L'après-midi, / sortis / du lèche-vitrines / nous sommes / fait / et le soir, /

____

LE SPORT

Les questions et les réponses à propos de l'activité sportive

- *Est-ce que tu fais du sport?*
– *Oui, je fais du sport.*
- *Est-ce que tu es sportif (-ive)?*
– *Oui, je suis sportif (-ive).*
- *Qu'est-ce que tu fais comme sport?*
– *Je fais du tennis.*
- *Est-ce que tu es amateur ou professionnel?*
– *Je suis amateur.*
- *Est-ce que tu en fais régulièrement?*
– *J'en fais deux fois par semaine.*

- *Est-ce que tu pratiques un sport?*
– *Oui, je pratique un sport.*
- *Est-ce que tu fais partie d'un club sportif?*
– *Je suis inscrit à l'association sportive de mon quartier.*
- *Tu pratiques quel(s) sport(s)?*
– *Je pratique le tennis.*
- *Tu en fais en amateur ou en professionnel?*
– *En amateur.*
- *Est-ce que tu t'entraînes régulièrement?*
– *Je m'entraîne deux fois par semaine.*

- **Un sportif de haut niveau** participe à des **compétitions**, à des **championnats**.
gagner ≠ perdre le gagnant, le vainqueur ≠ le perdant
la victoire ≠ la défaite

- **Le champion** est le meilleur de la compétition. On peut être champion de France, d'Europe, du monde, aux Jeux olympiques…
- Quand on gagne, on reçoit parfois **une médaille** ou **une coupe**.
- La meilleure performance mondiale s'appelle **le record** du monde.
→ Il **détient** le record du monde.
→ Il **a battu** le record du monde (= il a fait mieux).

Le tennis

On **joue au** tennis sur **un court** (1),
divisé en deux par **un filet** (2),
avec **une raquette** (3) et **une balle** (4).
On **dispute un match**, **un tournoi** de tennis
(= une série de matchs : le tournoi de Roland-Garros).
On **participe à** un tournoi de tennis.

le tennis de table = le ping-pong

le squash

EXERCICES

1 **Entourez le terme qui convient.**

Exemple : Il a perdu (le match.) / la défaite. / la victoire.

1. La grande gagnante / victoire / défaite de ce tournoi est la Russe.
2. Il a disputé / gagné / battu le record.
3. C'est important de pratiquer / faire / jouer du sport.
4. Il détient la médaille / le record / la coupe du monde.
5. Je suis en professionnel. / en amateur. / amateur.
6. On se dispute / dispute / se dispute avec un match.

2 **Et vous ? Répondez librement aux questions par des phrases complètes.**

• Est-ce que vous faites du sport ?

____

• Si oui, lequel ou lesquels ? Est-ce que vous en faites dans un club ?
Combien de fois par semaine est-ce que vous vous entraînez ?

____

____

• Si non, pourquoi ? Quels sont alors vos loisirs préférés ?

____

____

3 **Complétez les phrases avec les mots suivants :**

gagné – raquette – s'entraîne – fait – participe – coupe – match – tournois

Charlotte ____________ du tennis depuis plusieurs années. Elle ____________ au moins trois fois par semaine. Elle ____________ souvent à des ____________. Deux fois, elle a ____________ la ____________. Grâce à sa nouvelle ____________, elle espère gagner son prochain ____________.

Les sports d'équipe

Il faut plusieurs **joueurs** pour constituer **une équipe**.
Le football (= le foot), **le rugby**, **le volley-ball** (= le volley), **le hand-ball** (= le hand), **le basket-ball** (= le basket) se pratiquent sur **un terrain**, avec **un ballon**.
On dit : **jouer au foot**, au basket…
Un terrain entouré de **gradins** (où le public peut s'asseoir) est **un stade**.
À la moitié du match, on fait une pause : c'est **la mi-temps**.
L'arbitre vérifie que les joueurs respectent les **règles du jeu**.
Les **supporters** viennent encourager leur équipe préférée.
Pour gagner un match de foot, il faut **marquer des buts** (mais ce n'est pas facile quand **le gardien de but** est bon !).
« Nantes a gagné trois buts à zéro » = *« trois-zéro »*.

L'athlétisme

L'athlétisme regroupe plusieurs disciplines, par exemple :
– **la course à pied** → un coureur, courir
« Il a couru le 1000 mètres en 56 secondes. »
– **le saut** (en hauteur, en longueur…) → **sauter** 2 m 75
Ceux et celles qui pratiquent l'athlétisme sont des **athlètes**.

Le cyclisme

le vélo = la bicyclette
la course cycliste (*exemple :* le tour de France)
Le cycliste **pédale**.

L'équitation

le cheval
le manège
le concours hippique
Le cavalier **monte à** cheval.

Le sport automobile

la voiture de sport
la course automobile, sur un circuit (*exemple :* les 24 heures du Mans)
le rallye automobile, sur route
(*exemple :* le rallye de Monte Carlo)
Le coureur automobile **pilote** sa voiture.

EXERCICES

1 Mots croisés.

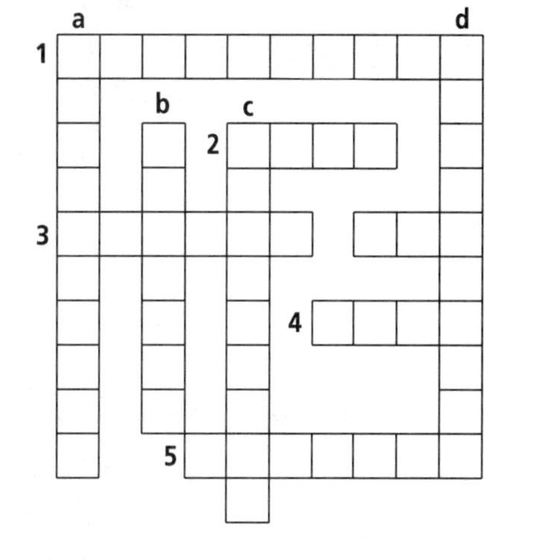

Horizontalement

1. Le sport … se pratique sur un circuit ou sur la route.
2. Marc est champion de … en hauteur.
3. L'… de France a gagné un à zéro.
4. Au … , on ne doit pas toucher le ballon avec ses mains.
5. Il a beaucoup plu avant le match, le … était tout mouillé.

Verticalement

a. La course à pied est une des disciplines de l' …
b. Les … ont tous très bien joué.
c. Un … a commencé à chanter et tous les autres ont chanté avec lui.
d. Mariette n'aime pas la compétition. Elle fait de l'… car elle aime la nature et elle aime son cheval.

2 Nommez chacun des objets suivants ainsi que le sport qui lui correspond.

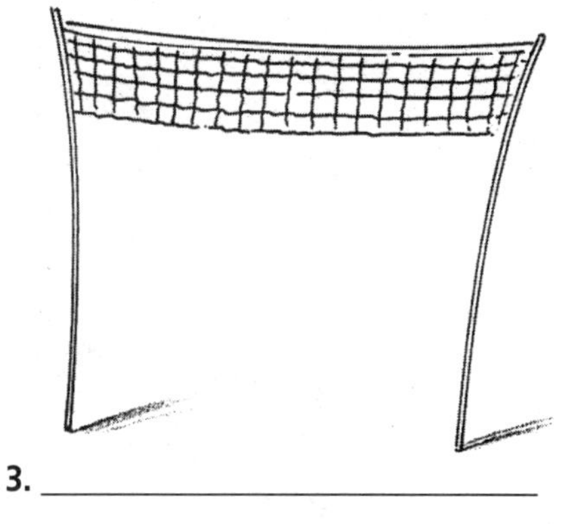

1. ____________ 2. ____________ 3. ____________

3 Éliminez l'intrus.

1. foot / saut / volley / basket
2. vélo / pédaler / cycliste / tournoi
3. raquette / balle / ballon / court
4. joueur / arbitre / gardien de but / supporter
5. monter / cavalier / rallye / concours hippique
6. gagner / jouer / vainqueur / victoire
7. filet / court / ballon / terrain
8. voiture / monter / course / circuit

Les sports nautiques

La natation se pratique à **la piscine**.
– *C'est **un** très bon **nageur** !*
– *Oui, il **a appris à nager** très jeune.*

Autres sports nautiques :

la voile **la planche à voile** **le surf**

Les sports de montagne

• *L'hiver :* **Le ski alpin** se pratique sur des **pistes** (1). Des **stations de sport d'hiver** sont aménagées non loin des pistes. **Le skieur** (2) **descend** la piste, puis prend **le remonte-pente** (3) pour remonter sans effort. Quand on préfère découvrir des paysages variés et qu'on n'aime pas la vitesse, on choisit **le ski de fond** (4). Certains enfants font de **la luge** (5). **Le patineur** (6) fait **du patinage** sur **la patinoire** (7), chaussé de **patins à glace** (8) …

• *L'été :* À la montagne, nombreux sont les **randonneurs** (9) (qui font de **la randonnée**), et les **alpinistes** (10) (qui font de **l'alpinisme**, de **l'escalade**).

Les sports de combat

le judo

la boxe
(Les boxeurs disputent leurs matchs sur **un ring**.)

La gymnastique

Au gymnase ou **au club de gym**, on fait de **la gymnastique** (= de la gym), **du stretching**, de **la musculation**.

EXERCICES

1 De quel sport s'agit-il ?

1. On se sert d'une raquette, d'une balle, d'une table.
   → le ____________________
2. Il nécessite de la neige, mais pas de remonte-pente. Il ressemble un peu à la randonnée.
   → le ____________________
3. Il faut du vent, de l'eau, et il faut surtout savoir tenir l'équilibre.
   → la ____________________
4. Il se pratique en équipe, avec un ballon, sur un terrain divisé en deux parties par un filet.
   → le ____________________

2 Le sport et le lieu où il se pratique. Complétez.

1. la natation → *la piscine*
2. ____________________ ← un grand terrain avec de la pelouse
3. le patinage → ____________________
4. ____________________ ← un circuit
5. l'alpinisme → ____________________
6. ____________________ ← le manège
7. la musculation → ____________________
8. ____________________ ← les pistes
9. la boxe → ____________________
10. ____________________ ← le court
11. le surf → ____________________

3 Complétez les phrases avec les verbes suivants à la forme qui convient.

remonter – courir – perdre – sauter – marquer

1. Quand elle a eu son premier piano, elle était si heureuse qu'elle a ____________ de joie.
2. Je préfère partir un peu plus tôt et prendre mon temps. Je déteste ____________.
3. Le candidat socialiste a fait un beau discours hier soir, à la télé. Je pense qu'il a ____________ un point.
4. Elle a été très malade pendant plusieurs mois, mais finalement, elle a ____________ la pente.
5. L'ennemi a ____________ la guerre, nous avons été plus forts.

24 TRANSPORTS – CIRCULATION

LE TRAIN

• On **prend** le train à **la gare**.
• Les personnes qui voyagent en train sont des **voyageurs**.
• On prend **son billet de train au guichet** de la gare (ou parfois dans une agence de voyages). On voyage **en seconde** ou **en première classe** (plus confortable et plus chère).
• Pour aller de Lyon à Melun, je prends **un aller simple** Lyon-Melun.
Pour aller de Lyon à Melun, puis de Melun à Lyon, je prends **un aller-retour** Lyon-Melun. Pour être sûr d'avoir **une place assise** dans le train, je prends **une réservation**, je **réserve une place**.
• Pour choisir mon train, je consulte **une fiche-horaire**, j'appelle les **renseignements** de la SNCF (= Société Nationale des Chemins de Fer), ou encore je consulte les **horaires** sur le minitel.
• Pour aller de Lyon à Melun, je change de train à Paris : j'ai **une correspondance** à Paris.
• Le train est composé de **wagons** (on dit aussi **voitures**) **fumeurs** ou **non-fumeurs**.
• Avant de monter dans le train, il faut **composter** son billet (le passer dans une machine), sinon, **le contrôleur** (qui vérifie les billets dans le train) peut vous faire payer **une amende**.
• Ensuite, on attend le train sur **le quai**. Dans certaines gares, on **emprunte le passage souterrain**, car il est interdit de traverser **la voie**.
• Quand on arrive à la gare trop tard, on **rate** son train, on **manque** le train. Si on arrive en avance, on peut s'asseoir dans **la salle d'attente** ou bien prendre un café **au buffet** de la gare.
• Les différents types de trains :
– les trains **régionaux** = les trains **de banlieue** autour des grandes villes
– les trains de **grandes lignes**
– les **TGV** (= Trains à Grande Vitesse).

■ Ce que l'on entend dans une gare

– *« Le TGV **en provenance de** Lyon-Perrache (= qui vient de la gare de Lyon-Perrache) et **à destination de** Paris (= qui va à Paris), va entrer en gare, voie E. Éloignez-vous de la bordure **du quai** s'il vous plaît. »*
– *« Lille-Europe, Lille-Europe, **deux minutes d'arrêt**. »*

EXERCICES

1 Vrai ou faux ?

	VRAI	FAUX
1. On composte son billet dans le train.	☐	☐
2. Voici le train en provenance de Saint-Étienne = voici le train qui va à Saint-Étienne.	☐	☐
3. Pour aller à Saint-Malo, je change de train à Rennes = j'ai une correspondance à Rennes.	☐	☐
4. Les TGV vont plus vite que les trains de banlieue.	☐	☐
5. Le contrôleur vend des billets dans le train.	☐	☐
6. Les passagers contrôlent les billets dans le train.	☐	☐
7. Je suis arrivé à la gare à 10 h 10, pour prendre le train de 10 h 02 : j'ai raté le train.	☐	☐
8. Je suis en avance à la gare, j'ai le temps de prendre une consommation au buffet de la gare.	☐	☐

2 Observez ce billet de train et répondez aux questions.

SNCF BILLET
A composter avant l'accès au train
TARIF A/R CONSERVEZ TOUS VOS BILLETS

GUINGAMP → PARIS MONT 1 ET 2
OLLIVIER/XA
01 ADULTE

Dép 18/08 à 20H10 de GUINGAMP
Arr à 23H40 à PARIS MONT 1 ET 2
PERIODE DE POINTE TGV 8796
DEC SEJOUR JOUR DEPART IMPERATIF

Classe 2 VOIT 07: PLACE NO 16
01 ASSIS NON FUM
SALLE 01 COULOIR

Dép à de ***
Arr à à

Classe *

Prix par voyageur : 46.90

Prix EUR **46.90
FRF **307.64

NS25 KM0506 :
46.90 :
BC PP 876244214865
08706966183862

:DV 624421486
:BV PARIS MONT 1 ET 2 240602 19H06
:6AEEBE Dossier RLYWHV Page 1/1

98001

1. De quel type de train s'agit-il ? ______
2. Ce billet comprend-il une réservation ? ______
3. D'où part ce train ? Quelle est sa destination ? ______
4. Quel jour et à quelle heure part-il ? À quelle heure arrive-t-il ? ______
5. En quelle classe voyage la personne ? ______
6. La personne voyage-t-elle en voiture fumeurs ou non-fumeurs ? ______

L'AVION

• On **prend** l'avion à **l'aéroport**.
• On prend **le vol** 807 de 10 h 15 à destination de Toulouse (→ cet avion-là en particulier). *« Le vol 807 est complet. »*
• On prend **un billet d'avion**.
• Le pilote, les hôtesses de l'air et les stewards constituent **l'équipage**.
Les voyageurs sont des **passagers**.
• On monte **à bord** d'un avion = on **embarque** dans un avion.
Vous pouvez entendre, dans **le hall** de l'aéroport : *« Vol 807 à destination de Toulouse, **embarquement** immédiat, porte G. »*
L'avion **décolle d'une piste de décollage**. Il **atterrit sur une piste d'atterrissage**.

LE BATEAU

• On **prend** le bateau **au port**.
• Le personnel du bateau s'appelle **l'équipage**. Les voyageurs sont des **passagers**. On **embarque** dans un bateau = on monte **à bord** du bateau.
• Le bateau part **du quai**.
• Sur un bateau, on peut rester sur **le pont**, ou bien louer **une cabine**.
• Un trajet en bateau est **une traversée**.

LES TRANSPORTS EN COMMUN EN VILLE

• Dans les grandes villes : **le métro**, généralement **souterrain**, mais parfois **aérien**.
• **La station** Châtelet est sur **la ligne** n°4 Porte de Clignancourt – Porte d'Orléans.
• On achète **un ticket** (ou **un carnet** de 10 tickets) pour prendre le métro.
• On attend le métro sur **le quai**.
– Je vais de Concorde à Daumesnil :
je **prends la direction** Créteil-Préfecture et **c'est direct**.
– Je vais de Bercy à Porte Dorée, j'ai **un changement** = j'ai **une correspondance** = je dois **changer** à Daumesnil.
• **Aux heures de pointe**, il y a **foule** (= beaucoup de monde) dans le métro.

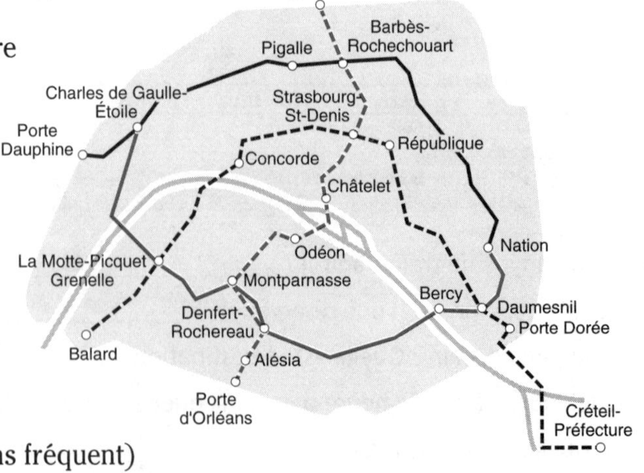

l'autobus → **le bus**
le tramway → **le tram** (beaucoup moins fréquent)
l'arrêt de bus, de tram

EXERCICES

1 **Reliez le moyen de transport au lieu de départ des voyageurs.**

1. On prend l'avion	**a.** à la gare.
2. On prend le bateau	**b.** dans une station.
3. On prend le train	**c.** à un arrêt.
4. On prend le métro	**d.** à l'aéroport.
5. On prend le bus	**e.** au port.

2 **Répondez aux questions suivantes :**

1. Comment appelle-t-on l'ensemble du personnel d'un avion ou d'un bateau ?

____

2. Où sont les voyageurs au moment où ils montent dans le train, le bateau, le métro ?

____

3. Comment appelle-t-on les personnes qui voyagent en avion ou en bateau ?

____

4. Comment dit-on monter dans un avion, sur un bateau ?

____

3 **Observez le schéma ci-contre et répondez par des phrases complètes.**

1. Pour aller de Nation à Porte de Clignancourt, est-ce que c'est direct ou est-ce qu'il faut changer ?

____

2. Pour aller de République à Odéon, est-ce que c'est direct ou est-ce qu'il y a une correspondance ?

____

3. Pour aller de Nation à Pigalle, est-ce que c'est direct ou est-ce qu'il y a un changement ?

____

Pour aller de Nation à Alésia :

Je prends la direction Charles de Gaulle-Étoile, je change à Denfert-Rochereau et je prends la direction Porte d'Orléans. → J'ai une correspondance à Denfert-Rochereau.

Sur le même modèle, dites comment vous allez de Daumesnil à Odéon :

a. Je prends la direction _______________, je change à _______________ et je prends la direction _______________. J'ai une correspondance à _______________.

Sur le même modèle, dites comment vous allez de Pigalle à Châtelet :

b. Je _______________, je _______________ et je _______________. J'ai _______________.

LES VÉHICULES PERSONNELS

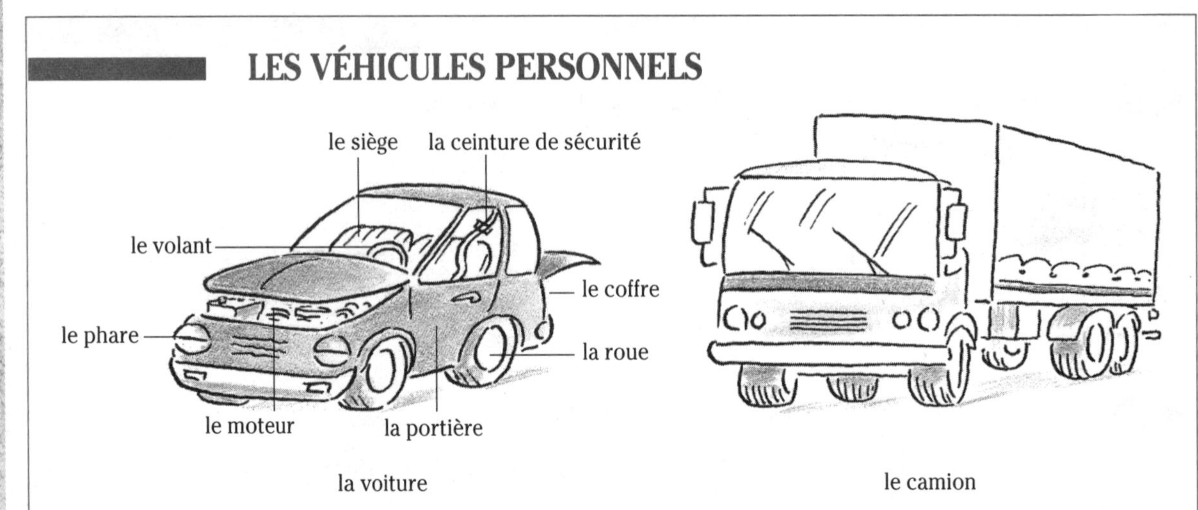

la voiture

le camion

Les **deux-roues** (En mobylette, scooter et moto, on doit porter **un casque**.) :

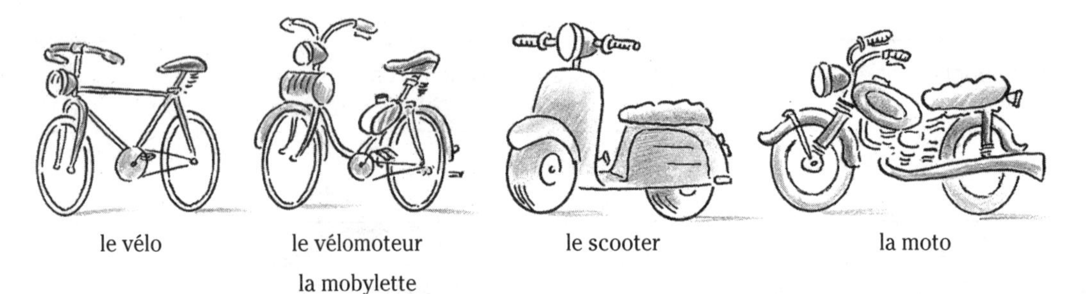

le vélo

le vélomoteur
la mobylette

le scooter

la moto

CONDUIRE

- D'abord, **le conducteur (l'automobiliste) démarre** la voiture, **il met le moteur en marche**. Quand il s'arrête, **il coupe le moteur (= il coupe le contact)**.
- Il **attache** (= il **met**) sa ceinture de sécurité.
- Il **recule** (= il va en arrière) ou il **avance** (= il va en avant).
- Il **accélère** pour aller plus vite, il **freine** (= il appuie sur **la pédale de frein** avec son pied) pour **ralentir** (= aller moins vite).
- La nuit, il **allume** ses **feux** (= ses phares).
- Régulièrement, il va à **la station-service « prendre de l'essence » : du super**, ou **du gasoil** pour les voitures **diesel**). S'il remplit son réservoir, **il fait le plein**.
« – Le plein, s'il vous plaît ! »
- Tous les 10 000 km, il laisse sa voiture au garage pour **une révision** (= il **fait réviser** sa voiture).
- Si la voiture est **en panne** (= si elle ne marche pas), il la **fait réparer** par **un garagiste**.
- Pour pouvoir conduire, il faut avoir **le permis de conduire**.
- *« Tu vas au travail **comment** ?*
*– J'y vais **en** voiture, **en** métro ou **en** bus, ça dépend . »*
- *« Je **sors** ma voiture **du** garage. » / « Je **rentre** ma voiture **au** garage. »*

1 Qu'est-ce que c'est ?

1. Elle a deux roues, un moteur et va beaucoup plus vite qu'une mobylette.

____

2. Il a quatre roues, il est plus gros qu'une voiture.

____

3. Il a deux roues et n'a pas de moteur.

____

4. C'est la partie de la voiture dans laquelle on met les sacs, les objets (mais pas les personnes...).

____

5. On l'attache quand on voyage en voiture.

____

6. On le met sur la tête quand on conduit un deux-roues à moteur.

____

2 Entourez l'expression qui convient.

1. Elle va à l'école | par bus | en bus |.
2. Pour conduire, il faut avoir | le permis de conduire | la licence de conduite |.
3. On prend de l'essence à | la station-service | la station République |.
4. Et on demande : | « Remplissez, s'il vous plaît. » | « Le plein, s'il vous plaît. » |
5. Ma voiture ne marche pas : elle est | cassée | en panne |.
6. J'ai fait faire | la révision de ma voiture | l'examen de ma voiture |.

3 Complétez les phrases avec les mots suivants :

a. *recule – accélère – coupe – freine*

1. On ____________________ pour ralentir.
2. On ____________________ pour avancer plus vite.
3. On ____________________ pour aller en arrière.
4. On ____________________ le contact quand on est arrivé à destination et qu'on s'arrête.

b. *phares – volant – portière – moteur*

5. J'ouvre la ____________________.
6. Je m'assieds au ____________________ .
7. Je mets le ____________________ en marche.
8. J'allume les ____________________.

CIRCULER

En dehors des villes

Pour aller de Paris à Lyon, vous prenez **la route** ou **l'autoroute**.
Sur l'autoroute, vous payez **au péage**.
Quand une voiture roule trop lentement devant vous, vous la **doublez**, vous la **dépassez**.
Quand la route tourne, il y a des **virages**.
Malheureusement, il y a beaucoup d'**accidents de la route** car les automobilistes ne sont pas toujours **prudents**. Par exemple, ils **respectent** rarement les **limitations de vitesse**.

En ville

• Vous êtes au point (1) et vous allez en voiture au point (2) : vous **prenez à droite au carrefour** (3). Au carrefour, **au feu** (4) rouge, vous vous arrêtez. Les **piétons** (5) peuvent **traverser l'avenue** (6) **au passage piétons** (7). Vous redémarrez au feu vert.

• Ou bien, du point (1) vous voulez aller au point (8) : vous **continuez tout droit jusqu'au rond-point** (9). Là, vous en faites le tour et vous prenez la troisième (rue) à droite, qui est **en sens unique** (10) (= on ne circule que dans un sens). Ou bien, vous **tournez à gauche** au carrefour, puis vous prenez la première à droite.

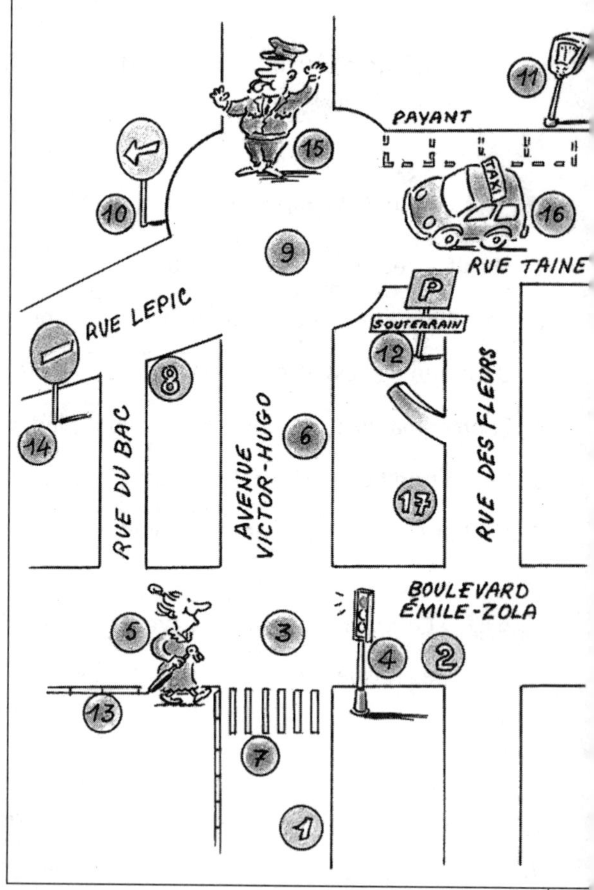

• En ville, vous pouvez vous **garer** dans la rue où il y a parfois des **horodateurs** (11) (→ il faut mettre de l'argent dans l'horodateur), ou dans **un parking, souterrain** (12) ou non, **payant** ou **gratuit**.
Si vous **stationnez en stationnement interdit** (par exemple sur les **trottoirs** (13)), ou si vous prenez **un sens interdit** (14), vous pouvez avoir **une contravention** = **une amende** et cela peut coûter cher.
Dans les grandes villes, il y a aussi souvent des **embouteillages,** des **bouchons** (= beaucoup de voitures qui restent bloquées), surtout aux **heures d'affluence** (= **les heures de pointe**), par exemple quand les gens vont au travail. Même quand il y a **un agent de la circulation** (15), **ça roule mal**.
Si vous ne voulez pas conduire, vous pouvez prendre **un taxi** (16). On laisse parfois un pourboire **au chauffeur de taxi**.

EXERCICES

1 Où les trouve-t-on ?

	en ville	en dehors de la ville
boulevard	X	
1. rond-point		
2. route		
3. trottoir		
4. avenue		
5. autoroute		
6. horodateur		
7. rue		
8. parking		

Associez.

1. Il n'y a plus d'embouteillage.
2. Il y a sans arrêt des virages sur cette petite route.
3. Vous n'avez pas mis d'argent dans l'horodateur.
4. Le chauffeur de taxi n'est pas aimable.
5. Il y a eu un accident sur l'autoroute.
6. Un agent de la circulation fait arrêter les voitures.

a. Donc les piétons peuvent traverser la rue.
b. Donc il y a 10 km de bouchons.
c. Donc vous ne laisserez pas de pourboire.
d. Ça roule bien.
e. Donc il est interdit de doubler.
f. Vous aurez peut-être une contravention.

1. ________ 2. ________ 3. ________ 4. ________ 5. ________ 6. ________

3 Observez le plan ci-contre.

a. Expliquez comment vous allez du point (1) au point (17).

Je ____

____

____

____

b. Expliquez comment vous allez du point (17) au point (8).

____

____

____

25 LE TOURISME – LES VACANCES

LE VOYAGE

Avant de partir en voyage

• Paul va **partir en voyage** en Italie. Il a choisi **un itinéraire** agréable, il a décidé de passer par les petites routes de campagne. Il aime beaucoup les **préparatifs** d'un voyage, il prend son temps pour **faire ses valises**. Il emporte **une carte** d'Italie et de la Toscane, **un plan** de Florence et quelques **brochures** et **dépliants touristiques** que **l'Office du tourisme** italien lui a donnés. Bien sûr, il a acheté des **pellicules**, car il **prendra** beaucoup de **photos**. Il n'a pas besoin de **visa** sur **son passeport**, et il y aura très peu de **formalités** à **la douane** quand il **passera la frontière**. Comme il reste en Europe, il ne doit pas **changer d'argent** dans **un bureau de change**. Quand il partira, ses amis lui diront : **« Bon voyage ! »**

Où dormir ?

• On peut **aller / être à** l'**hôtel**. À la campagne, on peut aussi **aller** dans **une auberge** ou **une chambre d'hôte** (équivalent du « Bed & Breakfast » anglais). Quand on **prend** une chambre, **simple** ou **double**, il vaut mieux **réserver**. Dans ce cas, **l'hôtelier** peut demander des **arrhes**, c'est-à-dire une somme d'argent de garantie, envoyée à l'avance.
• Les jeunes peuvent aller dans **une auberge de jeunesse** (les chambres ont plusieurs lits).
• Dans **un club de vacances, tout est compris** dans **le prix forfaitaire** (transport, séjour à l'hôtel, repas, activités sportives).
• **Faire du camping** (ou **camper**) est plus économique : on **monte la tente** ou on **installe la caravane** sur **un terrain de camping** et on dort dans **un sac de couchage**.
• Les enfants et les adolescents peuvent partir en **colonie de vacances**, c'est-à-dire qu'ils partent en groupe, sans leurs parents, mais accompagnés d'adultes (les **moniteurs**).

Comment se déplacer ? (voir chapitre 24)

• Certains voyagent **en auto-stop** (ils demandent à un automobiliste de les conduire gratuitement), **à vélo**, **à pied**, **à cheval**...

1 Éliminez l'intrus.

1. la tente / la tante / la caravane
2. l'hôtel / l'auto-stop / l'auberge
3. la carte / la route / le plan
4. le visa / le passeport / la pellicule
5. le sac / le lit / le sac de couchage
6. l'itinéraire / le voyage / la journée
7. la brochure / le dépliant / la photo

Vrai ou faux ?

	VRAI	FAUX
1. L'Office du tourisme donne des brochures.	☐	☐
2. On consulte le plan d'une ville.	☐	☐
3. On peut réserver une chambre double dans une auberge de jeunesse.	☐	☐
4. On envoie des arrhes à la douane.	☐	☐
5. Les auberges se trouvent en Champagne.	☐	☐
6. Faire du camping ne coûte pas très cher.	☐	☐

3 Entourez la bonne réponse.

1. Il déteste [les préparatifs / la préparation] du voyage.
2. Ils [restent / sont] à l'hôtel.
3. Elle emporte [une carte / un plan] de Paris.
4. Ils montent [la caravane / la tente].
5. Il [loue / réserve] une chambre d'hôtel.
6. Elle envoie [des arrhes / une garantie] à l'hôtel.
7. Avant de partir, elle [fait / met] les valises.
8. Ma fille part en [camp / colonie] de vacances.
9. Ils aiment [aller / partir] en voyage.

Quels bagages emporter ?

Certains utilisent **une valise**, d'autres préfèrent emporter **un** gros **sac de voyage**. Pour avoir les mains libres, **un sac à dos** est très commode. Dans **la trousse de toilette**, on met sa brosse à dents ! Au retour du voyage, il faut bien sûr **défaire** les bagages.

OÙ PASSER DES VACANCES ?

• La plupart des salariés français **ont cinq semaines de congés payés** (= de vacances). En été, beaucoup vont **à la mer**, **à la campagne**, **à la montagne**, et en hiver, **aux sports d'hiver**. Certains ont **une résidence secondaire** (**une maison de campagne**) où ils **passent** toutes **leurs vacances**. D'autres encore **font du tourisme** et **séjournent dans une ville** ou dans **une région touristiques**, ou bien ils voyagent **à l'étranger**. En général, les **touristes** envoient des **cartes postales** et rapportent des **souvenirs** de leurs voyages.

• L'été, beaucoup de gens sont **en vacances** à la mer. Ils **s'installent sur la plage**, plantent **le parasol** dans le sable, se mettent de **la crème solaire** et **prennent des bains de soleil**, pour **bronzer** (**être bronzé**) – mais les imprudents prennent des **coups de soleil :** ils deviennent tout rouges !
Les enfants adorent jouer **au bord de la mer** : ils **font** des **châteaux de sable**, ils **ramassent** des **coquillages**, ils jouent au ballon, ils vont **se baigner**, c'est-à-dire passer du temps dans l'eau ; pendant ce temps, les parents vont **nager** ou **faire de la planche à voile**. Attention, quand il y a de hautes **vagues**, on risque de **se noyer**… C'est pourquoi les jeunes enfants portent toujours des **bouées** quand ils ne savent pas nager.

EXERCICES

1 Que font-ils pendant leurs vacances ? Choisissez la phrase qui correspond le mieux au dessin.

a. ☐ Elle prend un bain de soleil.
b. ☐ Elle se baigne.

c. ☐ Il prend le soleil.
d. ☐ Il fait de l'auto-stop.

e. ☐ Ils sont dans une auberge de campagne.
f. ☐ Ils sont dans leur résidence secondaire.

2 Vrai ou faux ?

	VRAI	FAUX
1. Tous les Français prennent cinq semaines de vacances.	☐	☐
2. Prendre un coup de soleil signifie être bronzé.	☐	☐
3. Pour éviter les coups de soleil, on doit mettre de la crème solaire.	☐	☐
4. On se baigne dans la baignoire.	☐	☐
5. On peut prendre des bains de mer ou des bains de soleil.	☐	☐
6. On ouvre le parasol quand il pleut.	☐	☐

3 Associez.

1. Ils sont en congés :
2. Il y avait beaucoup de vagues :
3. Elle a défait sa valise
4. Nous avons acheté un souvenir
5. Il ne s'est pas baigné :
6. Elle n'a pas mis de crème :

a. elle a pris un coup de soleil.
b. l'eau était trop froide.
c. à l'entrée du monument.
d. la petite fille a mis une bouée.
e. ils ne travaillent pas cette semaine.
f. à son retour de voyage.

• **Prendre des vacances,** cela veut d'abord dire **« se reposer »** (ne rien faire, arrêter de travailler). Quand quelqu'un **part en vacances**, on lui dit **« Bonnes vacances, reposez-vous bien ! »**
Pour leur voyage de noces, Sarah et Fabien vont **prendre le bateau** et faire **une** belle **croisière** en Méditerranée. Ils vont **se détendre** à la piscine, à la salle de gym, au sauna. Au moment des **escales**, quand le bateau s'arrêtera dans un port, ils **feront** des **excursions** et **se promèneront** dans des **sites touristiques**. Ils **visiteront** des **monuments historiques** sous la conduite d'**un guide**.

• Céline voudrait **se changer les idées** et va **partir** au Maroc **en voyage organisé**. Comme elle aime beaucoup **faire de la randonnée** (de la marche sportive), elle a décidé de **faire le tour du pays** à pied. **Le circuit** qu'elle a choisi lui permettra de **parcourir** le Maroc **en long et en large**. Comme Céline habite une petite ville du Nord de la France, elle sera très **dépaysée** : elle **découvrira** des coutumes et des paysages bien différents de sa région d'origine, et très **exotiques !** Elle **s'est** déjà **renseignée auprès d'agences de voyages** et a acheté plusieurs **guides touristiques**.

Quelques expressions imagées

• *Il m'a mené en bateau* : il a inventé toute une histoire (fausse) pour me faire croire quelque chose.
• L'employé m'*a envoyé promener* quand je lui ai demandé de me donner un visa aujourd'hui : il m'a répondu sèchement de revenir dans trois jours.
• Vous connaissez peut-être ces deux dictons : « *Partir, c'est mourir un peu.* » et « *Les voyages forment la jeunesse.* »
• *Il se noie dans un verre d'eau* : la plus petite difficulté devient pour lui un gros problème.
• *Je ne suis pas sorti de l'auberge !* : les problèmes ne font que commencer.

EXERCICES

1 **Quelle publicité pourrait intéresser les personnes suivantes ?**

1. Mathieu aime la neige et le sport. → _______
2. Éric est très fatigué et n'a pas assez d'énergie pour organiser un voyage. → _______
3. Lise n'a pas beaucoup de temps et aime visiter des villes historiques. → _______
4. Jean est passionné par l'Asie et recherche l'aventure. → _______
5. Florence et Michel aiment la mer, le soleil et les bateaux. → _______
6. Violaine et Nicolas adorent la marche à pied en montagne. → _______
7. Baptiste aime la nature, les animaux et le calme. → _______
8. Annie s'intéresse à l'histoire de France et à l'architecture. → _______

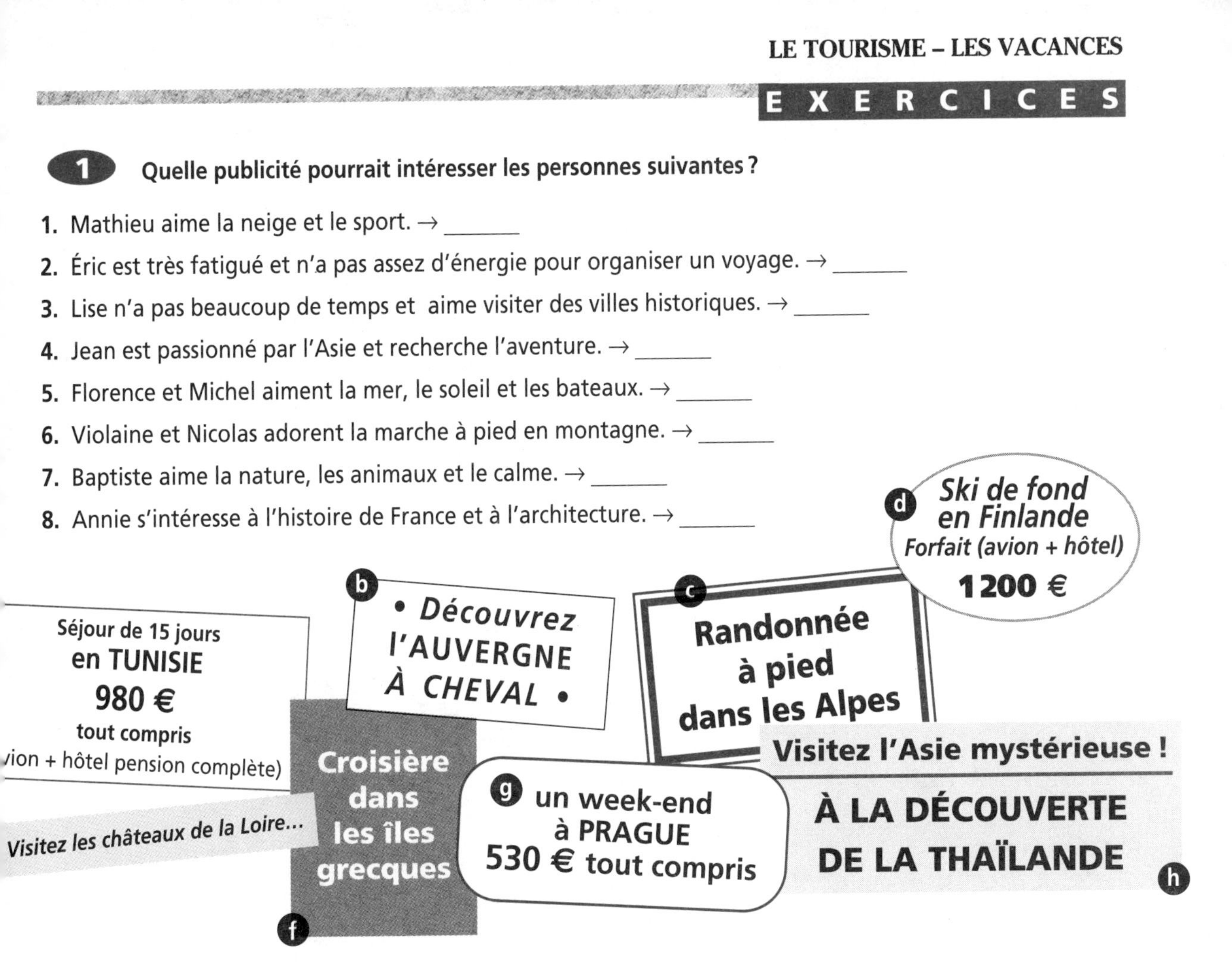

2 **Complétez les phrases suivantes par le verbe *faire* ou le verbe *prendre*, à un temps qui convient.**

1. Il ____________________ ses valises deux jours avant le départ.
2. Je ____________________ une chambre dans un petit hôtel au centre ville.
3. Il aimerait ____________________ le tour de l'Espagne à moto.
4. Elle ne ____________________ jamais de vacances en hiver.
5. Vous ____________________ beaucoup d'excursions pendant votre séjour en Turquie ?
6. Ils ____________________ du camping en Bourgogne.
7. Est-ce que vous avez déjà ____________________ une croisière ?

3 **Choisissez dans la page ci-contre les expressions qui correspondent le mieux aux situations suivantes.**

1. Ma sœur a perdu son plan de Paris et elle a commencé à paniquer. ____________________
2. J'ai demandé à mon voisin de m'aider, mais il m'a fermé la porte au nez ! ____________________
3. Elle fait une randonnée en montagne. Il commence à pleuvoir et la météo annonce de la neige pour cet après-midi. ____________________
4. Je trouve dur de quitter cette ville où j'ai passé toute mon enfance ! ____________________

INDEX

La catégorie grammaticale du mot
est indiquée entre parenthèses ainsi que le genre des noms.

n. = nom
m. = masculin
loc. = locution
v. = verbe
adv. = adverbe
prép. = préposition
inter. = interjection

n. comp. = nom composé
f. = féminin
adj. = adjectif
loc. verb. = locution verbale
loc. adv. = locution adverbiale
loc. prép. = locution prépositive

A

B

C

D

E

F

G

H

I

M

N

O

P

Q

R

S

T

U

N° d'éditeur : 10102083 – 8 – 106 – OSBM 80° - février 2003
Imprimé en France par Mame Imprimeurs à Tours (n° 02122245)